QU'EST-CE QUE LE MAL ?

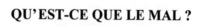

COMITÉ ÉDITORIAL

CHEMINS PHILOSOPHIQUES

Collection dirigée par Roger POUIVET

Hélène BOUCHILLOUX

QU'EST-CE QUE LE MAL ?

Deuxième édition

Paris
LIBRAIRIE PHILOSOPHIQUE J. VRIN
6, place de la Sorbonne, V[e]
2010

© *Librairie Philosophique J. VRIN,* 2005, 2010

Imprimé en France

ISSN 1762-7184
ISBN 978-2-7116-1689-3

www.vrin.fr

PENSER LE MAL

LE BIEN ET LE MAL

Le mal est le contraire du bien. Mais qu'est-ce que le bien ? Le bien est classiquement défini comme ce qui est conforme à la nature de l'homme ou comme ce que la volonté de l'homme veut naturellement. On peut toutefois signaler deux écarts d'importance par rapport à cette définition classique qui fait du bien la fin de l'homme : 1) le christianisme augustinien étant fondé sur la dualité introduite dans la nature de l'homme par le péché d'Adam (la première nature est la nature antérieure au péché originel ; la seconde nature est la nature postérieure au péché originel), on devra soutenir que l'homme de la seconde nature veut naturellement le mal au lieu de vouloir naturellement le bien ; 2) la philosophie kantienne excluant que la volonté puisse se régler, dans son autonomie, sur autre chose que sur la loi de la raison, on devra renverser l'ordre des termes, faire du bien non l'objet déterminant la volonté bonne (ou son motif), mais l'objet que se donne nécessairement la volonté bonne (dans son autonomie). Le christianisme augustinien maintient l'idée que la volonté est naturellement inclinée au bien comme à sa fin propre, non sans ajouter l'idée que la volonté se dérègle lorsque, se prenant elle-même pour fin et pour mesure de tout bien à la place de Dieu, elle ne veut plus le bien pour le bien mais pour elle-même. La philosophie kantienne rejette l'idée que la volonté bonne soit la volonté déterminée par le bien. Si la volonté était déterminée par le bien, elle serait déterminée par la représentation d'un objet et, si elle était déterminée par la représentation d'un objet, elle serait déterminée par le plaisir pris à la réalité de cet objet. La moralité serait empirique et elle se réduirait à l'épicurisme [1].

On remarquera d'emblée que la définition classique du bien repose sur une distinction entre volonté et désir. Si la volonté veut naturellement le bien, c'est parce que la volonté est cette faculté par laquelle l'homme, à la différence des animaux, poursuit ou fuit les choses qu'il sait convenir ou répugner à sa nature, alors que les animaux n'ont à poursuivre ou fuir que les choses qui sont conformes ou contraires à leur instinct. Cependant, là encore, la définition du bien et du mal se complique à partir du moment où on considère que l'homme est mû par le désir – désir de se conserver comme tout animal (Hobbes); désir de persévérer dans son être comme tout être qui, sans être cause de soi, tient du seul être à être cause de soi, à savoir la substance de tout ce qui est, une certaine puissance (Spinoza) –, ou par l'amour de soi (Rousseau). Le bien et le mal se ramènent-ils à l'utile et au nuisible, même si on accorde qu'il appartient à la raison et non à l'imagination, dans l'homme, d'établir avec certitude ce qui est utile et ce qui est nuisible?

Enfin, le bien n'est pas seulement défini, de façon imma-nente, comme ce qui est conforme à la nature de l'homme ou comme ce que la volonté de l'homme veut naturellement, mais

---

1. Voir *Critique de la raison pratique*, 1re partie, livre I, chap. I, théorèmes I et II.

encore, de façon transcendante, comme ce que l'auteur de tout ce qui est, à savoir Dieu (s'il existe), prescrit ou interdit à la créature humaine créée pour connaître et suivre sa volonté. Ici se posent deux questions. Premièrement, Dieu pourrait-il ordonner à l'homme quelque chose qui contreviendrait à ce qu'exige sa nature? Dieu étant l'auteur de cette nature, on prétend uniquement que la loi naturelle est une loi divine, que Dieu veut que l'homme veuille le bien et non le mal. Par une loi positive, Dieu peut ordonner plus que ce qu'exige la loi naturelle mais rien qui contrevienne à ce qu'exige la loi naturelle. Ainsi, la loi divine comprend la loi naturelle, même si elle ne s'y réduit pas. Deuxièmement, la loi naturelle aurait-elle par elle-même force de loi? Autrement dit, ne faut-il pas que la loi naturelle soit une loi divine pour constituer une obligation? Ne doit-on poursuivre le bien que parce qu'il rend heureux et fuir le mal que parce qu'il rend malheureux, ou doit-on en outre poursuivre le bien et fuir le mal parce que telle est la volonté de Dieu? Défini de façon immanente, le bien est ce que l'homme doit vouloir sous peine de manquer à sa propre nature et d'être naturellement malheureux. Défini de façon transcendante, le bien est ce que l'homme doit vouloir sous peine de manquer à la volonté de Dieu et d'encourir les sanctions attachées par Dieu à ce manquement. Cette double dimension, immanente et transcendante – le contenu de la loi renvoyant à la nature de l'homme tandis que la forme de la loi renvoie à la volonté de Dieu –, apparaît avec une particulière clarté dans la loi de Moïse [1] : Dieu prescrit ce qui donne la vie et interdit ce qui donne la mort, mais il n'en reste pas moins qu'il promet de surcroît sa bénédiction à ceux qui choisiront la vie et sa malédiction à ceux qui choisiront la mort. Si Dieu n'existait pas,

---

1. Deutéronome, XXX.

tout serait permis (il n'y aurait ni obligation ni sanction), sinon profitable !

MAL PHYSIQUE, MAL MORAL, MAL MÉTAPHYSIQUE

Selon Leibniz[1], le mal se divise en mal physique, mal moral, mal métaphysique. Le mal physique est le mal subi. Le mal moral est le mal commis. Le mal métaphysique est la déficience ontologique à partir de laquelle on peut expliquer que l'homme commette et subisse le mal, et plus largement qu'il y ait du mal dans le monde.

Le mal physique n'affecte pas seulement l'homme, même si la souffrance de l'homme est irréductible à la souffrance des animaux à cause de la conscience de soi dont elle s'accompagne chez le premier. La conscience de soi redouble la souffrance. Dans une perspective plutôt morale et politique, Rousseau[2] estime en grande partie imaginaire une souffrance liée, dans l'homme social, à l'accroissement des besoins factices et au règne de l'amour-propre. Dans une perspective plutôt théologique, Pascal estime en partie imaginaire et en partie réelle une souffrance liée, dans l'homme de la seconde nature, au primat de l'amour-propre comme envers de l'amour de Dieu : l'homme se fait centre de lui-même et de tout, de sorte que, lui mort, tout est mort pour lui[3] ; mais l'homme ne s'aime infiniment lui-même que parce qu'il s'aime à la place de Dieu, méritant une déchéance qui n'est que l'envers de la gloire à laquelle, en tant qu'esprit créé à l'image de Dieu, il est appelé à participer[4]. Dans une perspective plutôt ontologique,

---

1. Voir *Essais de théodicée*, 1re partie, § 21.
2. *Émile*, livre II.
3. *Pensées*, Lafuma 668.
4. *Pensées*, Lafuma 149.

Hegel[1] estime en grande partie réelle une souffrance liée, dans l'esprit fini qu'est l'homme, à la contradiction de son être : il faut que Dieu soit conçu comme esprit et que l'homme soit également conçu comme esprit, ce qui implique historiquement l'avènement du judaïsme, puis du christianisme, pour que la souffrance soit conçue dans toute sa réalité et dans toute son ampleur, comme inhérente à cette négativité de l'esprit qui sépare l'homme de Dieu et qui, surmontant la séparation qu'elle-même instaure, réconcilie l'homme avec Dieu.

Le mal moral n'affecte que l'homme. Car les animaux n'ont à poursuivre ou fuir que les choses qui, dans la consécution empirique de leurs représentations, sont conformes ou contraires à leur instinct. L'homme seul est susceptible de se tromper sur ce qu'exige sa nature, de confondre le bien et l'agréable. L'homme seul est susceptible de se dérégler en ne jugeant du bien et du mal qu'au gré de sa fantaisie au lieu d'en juger conformément à l'ordre de Dieu. Premièrement, il lui faut connaître et vouloir le bien. Deuxièmement, il lui faut vouloir le bien conformément à l'ordre de Dieu qui veut qu'il veuille le bien. Or il peut ignorer le bien et, en se détournant de l'ordre de Dieu qui veut qu'il veuille le bien, vouloir naturellement le mal au lieu de vouloir naturellement le bien. L'homme qui commet le mal en ignorant ce qu'il doit vouloir commet une faute. L'homme qui commet le mal en méprisant ce qui doit lui faire vouloir ce qu'il doit vouloir commet un péché. Il ne contrevient pas seulement à ce qu'exige sa nature, il contrevient à la volonté de Dieu, l'auteur de cette nature, qui veut qu'il veuille ce qu'exige sa nature. Si l'homme, à la différence des animaux, est capable du mal moral, c'est parce qu'on le suppose doué d'un entendement pour connaître le bien et

---

1. Voir *Leçons sur la philosophie de l'histoire*, 3e partie, 3e section, chapitre II.

d'une volonté ou d'un libre arbitre pour vouloir, conformément à l'ordre de Dieu, le bien qu'il connaît.

Le mal métaphysique est censé affecter toute la création en tant que création. La question se pose en effet de savoir si Dieu qui est absolument parfait peut créer autre chose que le plus parfait possible, autrement dit si l'ouvrage de Dieu ne comporte pas nécessairement de l'imperfection, du seul fait qu'il ne se confond pas avec Dieu et qu'il résulte de la volonté de Dieu. Leibniz explique le mal métaphysique par la distinction de l'entendement divin et de la volonté divine. L'entendement divin est le lieu de tous les possibles et de tous les mondes possibles que Dieu pourrait créer s'il le voulait. La volonté divine est à l'origine du passage à l'existence de ce monde-ci qui est le meilleur de tous les mondes possibles. Compte tenu de son essence, Dieu veut le bien. Aussi le premier décret de Dieu est-il de porter à l'existence le meilleur de tous les mondes possibles et de redoubler sa création de cet entendement – l'entendement humain – capable d'en réfléchir consciemment la perfection, et de cette volonté – la volonté humaine – capable de s'associer à la volonté divine dans le passage à l'existence de ce monde reconnu comme le plus parfait possible.

La tripartition leibnizienne du mal amène à se demander quel est le lien entre mal physique, mal moral, mal métaphysique. Leibniz[1] justifie une partie du mal physique par le mal moral et, en dernière analyse, tout le mal physique et tout le mal moral par le mal métaphysique. On peut considérer en effet que la souffrance, y compris celle des créatures innocentes, est une conséquence de la faute, voire une peine du péché. Cependant, la souffrance, la faute et le péché, découlent de l'imperfection originale de la création. Leibniz prend soin

---

1. Voir *Essais de théodicée*, 1re partie, § 23-25.

de préciser toutefois que, si Dieu peut vouloir le mal physique à titre de moyen dans la réalisation du meilleur possible, il ne peut que permettre la dérogation à sa loi que représente le mal moral, à titre de condition sans laquelle il lui serait impossible de réaliser le meilleur possible. Par là Leibniz prétend disculper Dieu, et du mal physique, et du mal moral. Le mal physique est soit une punition, soit le moyen d'un développement et d'une plus grande perfection; le mal moral est imputable à la créature intelligente et libre qu'est l'homme, Dieu ne pouvant empêcher ni l'homme en général ni tel homme en particulier de commettre le mal sans manquer à ce qu'il se doit d'abord à lui-même conformément à son essence, à savoir la réalisation du meilleur possible comme impliquant le mal moral.

Mais, protestera-t-on peut-être, faut-il justifier le mal en ramenant, avec Leibniz, tout le mal au mal métaphysique? Le mal n'est-il pas plutôt, en son fond, un injustifiable « souffrir » dont l'homme fait l'expérience jusque dans ses défaillances et jusque dans ses limites? A-t-on même eu raison de définir initialement le mal comme le contraire du bien? Ne perçoit-on pas le mal en le subissant? Ne s'ensuit-il pas qu'on accède à la connaissance du mal avant d'accéder à la connaissance du bien, ou qu'on accède à la connaissance du bien à partir de la connaissance du mal, et non l'inverse? D'ailleurs, une telle protestation n'est pas l'apanage d'une phénoménologie du mal qui, dans son opposition à une métaphysique du mal, tend à ramener tout le mal au mal physique. Car, au sein même d'une métaphysique du mal, elle est adoptable par ceux qui pensent soit qu'il n'y a pas d'essence du bien et du mal, soit qu'il y a une essence du bien et du mal mais que cette essence est inconnaissable.

LE MAL EN QUESTION

La première question est celle du lien entre mal physique, mal moral, mal métaphysique, quand on ne cède pas à la tentation de ramener tout le mal, soit au mal métaphysique, soit au mal physique. Cette question est celle de l'unité du concept de mal. Une telle unité existe-t-elle ? Si elle existe, il doit être possible de saisir l'identité dans la différence et d'articuler les différences. Que le mal soit physique, moral ou métaphysique, on le tiendra pour une déficience, pour un défaut, et, plus précisément, pour une négation ou une privation selon qu'on estime dû ou non à quelque nature ce qui fait défaut [1].

Par exemple, la maladie est un mal parce qu'elle m'ôte la santé (ou l'usage normal de mes facultés), mais reste à savoir si la santé (ou l'usage normal de mes facultés) est due à ma nature ou non. Dans le second cas, la maladie, simple négation, n'aura rien de scandaleux. Dans le premier cas, la maladie, véritable privation, aura quelque chose de scandaleux qu'on cherchera à atténuer en faisant de la maladie une conséquence de la faute ou une peine du péché. On notera qu'il est impossible d'exclure, sinon *a priori* et par concept, que la maladie soit une conséquence de la faute (la mienne ou celle d'autrui) ou une peine du péché (le mien ou celui d'autrui) car, en poussant assez loin et assez profondément l'étude des causes, on verrait peut-être *a posteriori* comment des hommes (moi-même ou d'autres) sont effectivement, par leur faute ou par leur péché, cause de ce mal. On parviendrait peut-être, en empruntant cette voie, à subordonner tout le mal physique au mal moral. En tout cas, beaucoup de philosophes font du bonheur et du malheur des suites naturelles ou pénales du bien et du mal dans

---

1. Sur la privation, voir Aristote, *Métaphysique*, Δ, § 22, et sur la distinction entre négation et privation, voir saint Thomas d'Aquin, *Somme théologique*, 1 re partie, 3 e section, question 48, art. 2.

leur dimension morale : l'homme bon est ou doit être heureux ; l'homme mauvais est ou doit être malheureux. On ne peut donc se dispenser de procéder par concept si on veut éclaircir ce point et si on veut ménager la possibilité d'un mal physique indépendant du mal moral.

Il faudra saisir l'unité du concept de mal dans la multiplicité des maux et les articuler dans ce qu'ils ont de spécifique. Non seulement on maintiendra la tripartition du mal physique, du mal moral et du mal métaphysique, mais encore on affinera cette tripartition : à l'intérieur du mal physique, qui est le mal dont on pâtit, on refusera de confondre le mal imputable à l'action de la nature et le mal imputable à l'action de l'homme fautif ou pécheur, cette action n'étant jamais réductible à une action de la nature, même si on devait, avec Spinoza, nier le libre arbitre, ou, avec la tradition augustinienne, nier à tout le moins l'indifférence du libre arbitre dans la seconde nature ; à l'intérieur du mal moral, qui est le mal qu'on commet, on refusera de confondre la violation d'une norme instaurée par l'homme et la violation d'une norme transcendant toute institution humaine, puis, à l'intérieur de cette dernière, la faute, le péché et le péché originel ; à l'intérieur du mal métaphysique, qui est le mal inhérent à la nature des êtres en général, on refusera de confondre l'imperfection affectant tous les êtres en tant qu'ils ne sont pas l'être même, l'être absolu, infini et parfait, et l'imperfection n'affectant que l'être de l'homme, non comme être relatif ou comme être créé, mais comme être créé à l'image de Dieu et se faisant lui-même Dieu.

La seconde question est celle de la portée essentielle ou inessentielle de la distinction du bien et du mal. Y a-t-il du bien et du mal en soi ou n'y a-t-il du bien et du mal que pour nous (pour l'individu particulier, voire pour l'homme en général) ? Cette question n'est pas sans rapport avec la précédente, puisque les notions de négation et de privation impliquent la référence à quelque nature. S'il y a du bien et du mal en soi, qu'on peut définir en référence à la nature de l'homme, il faudra définir le mal comme le contraire du bien, ainsi qu'on l'a fait initialement. Même si, psychologiquement, on ne découvre le bien qu'à partir du mal, il n'en demeure pas moins que, logiquement, on ne découvre le mal qu'à partir du bien. S'il n'y a du bien et du mal que pour nous, le mal n'est plus qu'un mot dont la signification est à référer soit à l'individu particulier qui, n'en jugeant que par lui-même, appelle bien ce qui lui convient et mal ce qui ne lui convient pas, soit à l'homme en général censé dépasser par la raison ce point de vue strictement individuel et particulier, de sorte qu'on puisse appeler bien ce qui convient à l'homme en général et mal ce qui ne convient pas à l'homme en général, soit plutôt à l'instance qui, détenant l'autorité civile, est seule à pouvoir rendre réel le point de vue de l'homme en général et à pouvoir lui conférer force de loi, puisque l'homme en général n'est qu'une idée elle-même générale, un homme qui n'existe pas et qui n'est rien. Ici on ne découvre le bien qu'à partir du mal. La raison veut qu'on se garde d'infliger aux autres ce qu'on ne voudrait pas subir d'eux.

LE CONCEPT DE MAL

Ce n'est pas parce que le mal, quel qu'il soit, provoque une souffrance qu'il faut renoncer au concept, comme si la conceptualisation constituait une espèce d'offense à l'égard de cette souffrance ! Quel qu'il soit, le mal est ce qui ne devrait pas être. Il implique une norme (que cette norme ait une portée ontologique ou non) et un défaut de ce qui est par comparaison avec cette norme. Si ce qui fait défaut à un être n'est pas dû à sa nature, il s'agit d'une simple négation ; si ce qui fait défaut à un être est dû à sa nature, il s'agit d'une véritable privation. Par exemple, pour Spinoza, il n'est pas dû à la nature de tel ou tel homme, dans sa singularité, d'être bon conformément à une norme dont la source est la formation d'une idée générale de l'homme, de sorte que le mal moral est une simple négation et non une véritable privation.

Il est aisé de montrer que cette unité du concept se retrouve dans le mal physique, dans le mal moral et dans le mal métaphysique, qu'elle permet dès lors d'articuler.

En tant que simple négation, le mal physique n'a rien de scandaleux et il n'est pas nécessaire d'y chercher une conséquence de la faute ou une peine du péché. Les maladies et la mort n'ont rien que de naturel pour l'homme soumis comme tous les autres êtres vivants de la nature aux lois de la vie. Non seulement ces maux n'ont rien de scandaleux, mais encore ils peuvent contribuer à un bien supérieur, à commencer par l'intensification de la vie. En tant que véritable privation, le mal physique a quelque chose de scandaleux et il exige d'être articulé au mal métaphysique par l'intermédiaire du mal moral. Les maladies et la mort n'ont plus rien de naturel pour l'homme créé à l'image de Dieu et se faisant lui-même Dieu. Ces maux ne sont pas dus à l'union de l'âme et du corps, mais à un assujettissement de l'âme au corps consécutif au péché d'Adam. Ils sont une peine du péché. Aussi ne peuvent-ils contribuer à un bien supérieur sans la médiation d'une conversion. Au registre de la privation appartient également le mal physique dont la cause n'est pas la nature mais l'homme. Je peux subir soit les maux que j'ai moi-même provoqués par mes mauvaises actions, soit les maux que d'autres hommes ont provoqués par leurs mauvaises actions, qu'il s'agisse de méchanceté ou de négligence. L'homme n'est pas naturellement exposé aux torts et aux dommages comme il est naturellement exposé aux accidents naturels. De l'injustice subie il a le droit de se plaindre, alors que des malheurs subis il n'a pas le droit de se plaindre, car il n'y aurait d'injustice dans ses malheurs que s'il était un être parfait égal à Dieu ou un être innocent qui, créé à l'image de Dieu, n'avait jamais prétendu s'égaler à lui. Les torts et les dommages subis ont quelque chose de scandaleux parce que l'action humaine est irréductible à une action naturelle. L'homme n'endure une violence que de la part de l'homme. La violence est proprement humaine. La nature est violente par analogie, quand elle inflige à l'homme des maux qui sont non de simples négations mais de véritables privations, et cette violence est justifiée dans la mesure où elle est une peine du péché.

Comme le mal physique, le mal moral est soit une négation, soit une privation. Il est une simple négation si on ne peut référer l'action de l'homme à ce qu'exige sa nature (ou à du bien et du mal en soi). Il est une véritable privation si on peut référer l'action de l'homme à ce qu'exige sa nature (ou à du bien et du mal en soi). Ainsi, le mal est une simple négation quand il n'a pas de portée essentielle, quand il est une dénomination dont le sens dépend soit de l'individu particulier, soit de l'homme en général, soit de l'instance qui détient l'autorité civile, comme chez Hobbes ou chez Spinoza. Un homme ne pourra être déclaré injuste par un autre homme en vertu d'une norme découlant de la nature de l'homme, il ne pourra être déclaré injuste que par une communauté d'hommes en vertu des lois qui fixent ce qui convient et ce qui ne convient pas à l'homme en général. Cela n'empêche pas qu'il ne faille encore distinguer la justice extérieure des actions et la justice intérieure de l'homme, car soit l'homme n'accomplit des actions justes que par l'espoir et la crainte des récompenses et des peines attachées par la loi aux actions justes et aux actions injustes, soit l'homme accomplit des actions justes en usant de sa raison qui l'engage à être juste pour son propre bien. Le mal est une véritable privation quand il a une portée essentielle. Non seulement il vaut alors mieux, selon la formule du *Gorgias*[1], subir le mal que de le commettre et, si on l'a commis, subir sous forme de peine le mal commis que de ne pas le subir, mais encore l'homme méchant est nécessairement malheureux parce qu'en commettant le mal il attente à la nature de l'homme qui est en lui le modèle de tous les hommes, le patron sur lequel tous les hommes sont faits. C'est en ce point, à partir de Platon, qu'il faut maintenant distinguer la faute, le péché et le péché originel.

La faute consiste en une ignorance de la norme, même si chez Platon cette ignorance est toujours lestée d'une ignorance de l'ignorance (ou d'une inconscience) dont l'origine n'est guère assignable, sauf à recourir au mythe[2]. Détourné par le poids du corps de la connaissance du bien et préférant au bien l'agréable, l'homme veut, à l'instar du tyran, sans savoir ce qu'il doit vouloir.

Le péché ne consiste pas en une ignorance de la norme, il consiste en une transgression de la loi du bien. Même si l'homme sait ce qu'il doit vouloir et même s'il le veut, il ne le veut pas dans la vue de ce qui doit lui faire vouloir ce qu'il doit vouloir (que la loi du bien soit la loi de Dieu ou, comme chez Kant, la loi de la raison pure pratique). Son action peut être matériellement bonne, elle n'en est pas moins formellement mauvaise. Dans cette perspective, on ne pèche jamais contre son prochain mais contre Dieu (ou contre la raison pure pratique) – c'est pourquoi le psalmiste crie à Dieu : « contre toi, et toi seul, j'ai péché »[3] – et on ne viole jamais le moindre article de la loi sans violer toute la loi, puisque la violation du moindre article de la loi implique la violation de l'autorité législatrice

---

1. Voir *Gorgias*, 469 b-c, puis 472 d-e.
2. Voir le mythe d'Er à la fin de la *République*, livre X, 614b-621d.
3. Psaumes, LI, 6.

– c'est pourquoi les apôtres Paul et Jacques sont d'accord sur le fait que les juifs qui ne sont que sous la loi sont sous la malédiction de la loi, étant donné qu'ils n'accomplissent pas toute la loi[1]. La moindre mauvaise action devient le signe d'une impureté du cœur qui pollue toutes les bonnes actions et qui rend douteuse leur bonté, car il faudrait que le cœur se fût repenti et converti pour qu'on pût, de leur bonté matérielle, inférer de nouveau leur bonté formelle. De là vient que les juifs spirituels, comme David, n'attendent plus que de la grâce de Dieu l'accomplissement de la loi de Dieu.

Le péché originel consiste à inscrire la transgression de la loi du bien dans la nature humaine elle-même. Si tous les hommes sont pécheurs, ce n'est pas seulement parce que tous les hommes violent la loi au moins en quelque article, attestant par là que, même lorsqu'ils ne violent pas la loi, leur action n'est pas forcément bonne pour autant, c'est surtout parce que, tous les hommes étant devenus pécheurs en Adam de qui ils naissent[2], ils naissent pécheurs, de sorte que toutes leurs actions, qu'elles soient matériellement bonnes ou mauvaises, sont formellement mauvaises. D'inspiration paulinienne, la doctrine augustinienne du péché originel clive la nature humaine en deux natures : l'homme veut désormais naturellement le mal au lieu de vouloir naturellement le bien, quoiqu'il veuille le mal sous couvert du bien, parce que, répétant la transgression d'Adam, il veut le bien non pas pour le bien, conformément à l'ordre de Dieu, mais pour s'en glorifier, contrairement à l'ordre de Dieu. Il n'est même plus possible, comme le préconise Kant, de se repentir, de se convertir et de se confier à un Dieu dont la grâce doit suppléer à ce qui manque à l'effort infini de la vertu, car la volonté, selon saint Paul et saint Augustin, est incapable par elle-même d'un bon

1. Galates, III, 10, et Jacques, II, 10-11.
2. Romains, V, 19.

mouvement. Au contraire, il faut attendre de la grâce de Dieu une foi qui seule permet de se repentir et de se convertir.

En principe, le mal métaphysique se subdivise d'abord de la manière suivante : il est soit l'imperfection affectant tous les êtres en tant qu'ils ne sont pas l'être même, l'être absolu, infini et parfait, soit l'imperfection affectant tous les êtres créés, Dieu qui est absolument parfait ne pouvant créer autre chose que le plus parfait possible. Cette imperfection est donc soit celle de l'être relatif, soit celle de l'être créé. Elle n'est pas propre à l'homme, elle affecte tous les êtres relatifs et tous les êtres créés. Si le mal est une simple négation quand ce qui fait défaut à un être n'est pas dû à sa nature et une véritable privation quand ce qui fait défaut à un être est dû à sa nature, on peut rapporter le mal qui est une simple négation à l'imperfection des êtres relatifs et des êtres créés en arguant que le bien correspondant n'est pas dû à leur nature. Il n'est pas dû à la nature des êtres relatifs et des êtres créés de ne pas souffrir. En revanche, il est dû à la nature de l'homme, quoique celui-ci soit un être relatif et un être créé, de ne pas pécher, à moins qu'on estime avec Hobbes et Spinoza qu'il ne contrevient à aucune nature humaine en lui quand il pèche : l'homme ne doit pas faillir quoique l'infaillibilité ne lui soit pas due. Autrement dit, l'imperfection de sa nature le rend faillible sans autoriser sa défaillance. Il s'ensuit qu'il ne peut se décharger de sa défaillance en invoquant sa faillibilité, comme Descartes le montre dans la *Quatrième Méditation* en recherchant les causes de l'erreur et du péché : quoique faillible, je pourrais ne faillir jamais si je faisais toujours un bon usage de mes facultés.

On ne se contentera cependant pas de cette première subdivision du mal métaphysique et de son articulation avec le mal physique et le mal moral. En effet, on peut considérer avec la Bible que l'homme n'est pas seulement un être relatif et un être créé, mais qu'il est avant tout un être créé à l'image de

Dieu, ou encore un être appelé à participer à la gloire de Dieu. Pour un tel être, souffrir et mourir constitue une véritable privation due au péché d'Adam. Pour un tel être, pécher constitue une véritable privation : non seulement il contrevient à sa propre nature, mais encore il contrevient à la volonté de Dieu qui veut qu'il veuille le bien et non le mal ; non seulement il contrevient à la volonté de Dieu qui veut qu'il veuille le bien et non le mal, mais encore il contrevient au dessein de Dieu sur le monde car, si Dieu l'a créé à son image, c'est pour qu'il se joigne de volonté à la volonté de son créateur et pour qu'il ne fasse plus qu'un seul esprit avec lui. La faute s'approfondit doublement : en tant que transgression de la loi du bien comme loi de Dieu, elle devient péché ; en tant que transgression de la loi du bien comme loi de Dieu répétant la transgression d'Adam, elle devient péché originel. En interdisant à Adam de manger de l'arbre de la connaissance du bien et du mal, Dieu prévoit qu'il succombera à la tentation de se glorifier. Dieu prévoit le péché de l'homme qu'il crée à son image pour l'unir à lui s'il le veut. Car, en projetant d'élever gratuitement cet être relatif et cet être créé qu'est par nature l'homme à la gloire qui n'est due qu'à la nature divine, il lui donne occasion de tomber dans le doute et de se croire privé par l'interdiction de ce qui n'est que promis à son obéissance. Le péché originel, qui enferme tous les hommes dans le péché, car tous naissent avec une volonté indépendante de la volonté de Dieu qui se retourne inéluctablement contre elle-même, enferme ainsi la grâce de Dieu manifeste dans leur création. L'apôtre Paul l'indique en faisant du premier Adam la préfiguration du second Adam, Jésus-Christ.

LA RÉALITÉ ONTOLOGIQUE DU MAL

Se demander si le mal est quelque chose de réel ne revient évidemment pas à se demander si le mal est un être puisqu'au contraire il est patent qu'il est un non-être, mais revient à se demander si le bien et le mal peuvent faire l'objet d'une défini-tion essentielle ou de chose (c'est-à-dire s'il y a du bien et du mal en soi) ou si, au contraire, le bien et le mal ne peuvent faire l'objet que d'une définition nominale ou de nom (c'est-à-dire s'il n'y a du bien et du mal que pour nous). Voilà pourquoi Cudworth oppose vigoureusement, dès le début de son *Traité concernant la morale éternelle et immuable*[1], disciples de Platon et disciples de Protagoras. Les premiers défendent l'idée qu'il y a du bien et du mal par nature, les seconds qu'il n'y a du bien et du mal que par convention. Pour les seconds – les relativistes –, le bien et le mal n'ont pas de portée onto-logique. Chacun appelle bien ce qui lui convient et mal ce qui ne lui convient pas. Le mal est relatif non seulement aux indi-vidus particuliers, mais encore, en chaque individu particulier, à la variation de ses aversions.

Pour Hobbes[2], l'état de nature est un état de guerre parce que les individus ont un droit naturel illimité sur toutes choses, chacun étant seul juge des moyens à mettre en œuvre pour assurer sa conservation et appelant par conséquent bien ce que, mû par ses passions, il juge approprié à cette fin, et mal ce que, mû par ses passions, il juge inapproprié à cette fin. Cependant, Hobbes dépasse le relativisme individuel[3], les hommes étant, à la différence des animaux, capables d'anticipation par le raisonnement : ceux-là mêmes qui ne peuvent convenir d'un bien présent à cause de leurs passions peuvent convenir d'un

---

1. Livre I, chap. I.
2. *De cive*, I, III, § 31, et *Léviathan*, I, VI.
3. *De cive*, I, III, § 31, et *Léviathan*, I, XV.

bien futur par la médiation du raisonnement et, plus précisément, d'un raisonnement par l'absurde. Car, si la guerre à
laquelle conduit logiquement l'arbitraire individuel est indé-
niablement un mal privant le droit naturel d'effectivité à l'état
de nature, inversement, la paix apparaît comme le principe de
tout bien. La loi naturelle n'est alors rien d'autre que la déduc-
tion des moyens de la paix. Mais personne n'est encore auto-
risé par là à faire appliquer et respecter ces conclusions de la
raison qu'il faut particulariser et accompagner de sanctions.
D'où l'artifice contractuel. Les individus doivent se dessaisir
du droit de statuer arbitrairement sur le bien et sur le mal au
profit du souverain qui seul donne, dans la loi civile, un
contenu déterminé et un caractère de loi aux théorèmes de
la loi naturelle[1]. On passe donc d'un arbitraire individuel à
un arbitraire civil, mais par l'intermédiaire d'une philosophie
morale dont la portée est universelle quoique inessentielle,
Hobbes soulignant que sa théorie des lois de nature est la vraie
philosophie morale.

Pour Spinoza[2], on ne désire pas une chose parce qu'on
la juge bonne, on la juge bonne parce qu'on la désire. Mais,
quoique le bien et le mal soient destitués de toute portée
ontologique[3], on ne peut savoir si la chose qu'on désire et
qu'on juge bonne est désirable et bonne[4], autrement dit si on
désire avec raison ce que, de toute façon, on ne peut pas ne pas
désirer, sans former une idée générale de l'homme qui soit
la norme des actions humaines[5]. Et ce n'est pas aux individus
particuliers mais aux souveraines puissances qu'il incombe de
faire appliquer et respecter cette norme qui seule permet aux

---

1. *De cive*, II, VI, § 9, et *Léviathan*, II, XVIII; *De cive*, II, XII, § 1 et 2, et
Léviathan, II, XXIX.
2. *Éthique*, III, IX, scolie.
3. *Éthique*, I, appendice.
4. *Éthique*, IV, définitions I et II.
5. *Éthique*, IV, préface.

individus particuliers de se convenir les uns aux autres et de composer un individu collectif dont la puissance accroît leur puissance et leur droit naturel défini par leur puissance [1].

Chez Spinoza comme chez Hobbes, les hommes raisonnables qui recherchent ce qui leur est vraiment utile adoptent la règle d'or de l'Évangile : ils ne sauraient s'accorder un droit qu'ils n'accordent aux autres ni désirer quoi que ce soit pour eux-mêmes qu'ils ne le désirent pour les autres [2]. On accède facilement à la connaissance du bien à partir de celle du mal, puisqu'il ne faut pas faire aux autres ce qu'on ne voudrait pas subir d'eux. Ce ne sont pas seulement ceux qui pensent qu'il n'y a pas d'essence du bien et du mal qui ramènent la morale à cette règle, ce sont également ceux qui pensent qu'il y a une essence du bien et du mal mais que cette essence est inconnaissable.

Ainsi, pour Pascal [3], « encore qu'on ne puisse assigner le juste » à cause du péché originel, chacun n'en jugeant plus que par lui-même et au gré de sa fantaisie, « on voit bien ce qui ne l'est pas » en décelant les conséquences menaçantes qu'enveloppent les maximes injustes. Quant à Rousseau, il se démarque conjointement de Hobbes et de Malebranche : de Hobbes, parce que, contrairement à l'amour-propre, l'amour de soi est non seulement naturel, mais encore et surtout bon et conforme à l'ordre ; de Malebranche, parce que la connaissance de l'ordre que suppose l'amour de l'ordre n'est nullement produite par une vision en Dieu, mais par un raisonnement. L'homme naturellement bon *fait son bien avec le moindre mal d'autrui qu'il est possible* ; l'homme moralement

---

1. *Éthique*, IV, XVIII, scolie ; *Éthique*, IV, XXXIV et XXXV ; *Éthique*, IV, XXXVII, 2e scolie.

2. *De cive*, I, III, § 26, et *Léviathan*, I, XV ; *Éthique*, IV, XVIII, scolie.

3. *Pensées*, Lafuma 729.

bon *fait à autrui comme il veut qu'on lui fasse*[1]. Car la connaissance de l'ordre n'est que la connaissance de son propre bien, non en tant qu'être physique absolu, mais en tant qu'être moral relatif. En reconnaissant dans les autres hommes des êtres semblables à soi, on devient capable de s'aimer comme membre d'un tout, que ce tout soit social comme dans la *Nouvelle Héloïse*, politique comme dans le *Contrat social*, cosmique comme dans la *Profession de foi du vicaire savoyard*. On se prolonge soi-même dans le tout dont on est membre, au lieu de se replier sur soi-même comme y invite la raison mise au service de l'amour-propre, ce qui n'empêche pas que, l'inscription dans un tout pouvant impliquer le sacrifice, elle n'implique aussi la foi en un Dieu qui, en même temps qu'il fonde l'obligation morale, rétribue ceux qu'il oblige.

Ne doit-on pas cependant s'indigner, avec le correspondant de Spinoza Guillaume de Blyenbergh[2], de la réduction de la norme morale à une norme purement humaine? Au départ, Blyenbergh pose une question qui est celle de toute théodicée. Si Dieu non seulement crée mais encore conserve la tendance dans les âmes aussi bien que le mouvement dans les corps, et si la prévision suppose la préordination, ne se heurte-t-on pas à une alternative: ou le mal n'est pas le mal, ou Dieu est cause du mal? En réponse à cette question, Spinoza distingue deux conceptions de la perfection et deux langages. Il y a certes des degrés d'être et de perfection, mais un moindre être n'est pas en soi un mal. Un moindre être ne devient un mal que pour nous, par comparaison de ce qui est avec ce qui devrait être selon l'idée générale qu'on se forme des différents êtres. On

---

1. *Discours sur l'origine et les fondements de l'inégalité parmi les hommes*, préface et 1ʳᵉ partie.
2. Voir les lettres XVIII, XX, XXII, XXIV de Blyenbergh à Spinoza, et les lettres XIX, XXI, XXIII, XXVII de Spinoza à Blyenbergh.

parlera de privation pour désigner ce qui n'appartient pas à un être et qu'on juge néanmoins devoir appartenir à cet être par comparaison de cet être avec une idée générale de cet être. On parlera en revanche de négation pour désigner ce qui n'appartient pas à l'essence d'un être et qui ne peut lui appartenir. Ainsi, du point de vue ontologique, aucun être n'est privé de quelque chose qu'il n'a pas et qu'il ne peut avoir. Néron n'est pas privé de la bonté qu'il n'a pas et qu'il ne peut avoir compte tenu de son essence singulière (qui fait qu'il est ce qu'il est). Que la privation n'ait de sens que par rapport à une norme humaine, on en a d'ailleurs la preuve dans le fait que le même acte, le meurtre d'une mère par son fils, n'est pas également condamnable en Oreste vengeant son père et en Néron donnant libre cours à une ingratitude et à une inflexible cruauté dictées par l'ambition. À ces deux conceptions de la perfection correspondent deux langages : le langage de la philosophie, qui vise l'amour de ce qui est par la connaissance de ce qui est, et le langage de la religion, qui vise l'obéissance à ce qu'on tient pour la loi de Dieu (en présumant que l'Écriture est infaillible et qu'on l'interprète de surcroît correctement). La philosophie et la religion se rejoignent toutefois pour le philosophe, puisque la loi de Dieu n'est qu'un avertissement prenant la forme d'un commandement et puisque la loi n'est accomplie que dans l'amour. Malgré ces explications, Spinoza ne peut rejeter les deux principales conséquences que Blyenbergh tire de sa doctrine : en termes anthropomorphiques, Dieu veut les actions des méchants comme il veut les actions des bons et l'action humaine est réductible à une action naturelle. *A contrario*, la doctrine de Spinoza est inadmissible si on admet le libre arbitre et l'irréductibilité de l'action humaine à une action naturelle.

Mais, si le mal est quelque chose de réel, conformément à la revendication de Blyenbergh contre Spinoza, autrement dit si le mal ne provient pas d'une appréciation purement humaine des choses, d'où vient-il?

L'ORIGINE DU MAL

La question de l'origine du mal ne concerne que le mal métaphysique et le mal moral (dans la mesure où celui-ci ne trouve pas entièrement son origine dans le mal métaphysique). L'origine du mal physique réside soit dans le mal métaphysique sans l'intermédiaire du mal moral, soit dans le mal métaphysique par l'intermédiaire du mal moral. Le mal physique dont l'origine réside dans le mal métaphysique sans l'intermédiaire du mal moral est une simple négation. L'absence de souffrance n'est due ni à la nature des êtres relatifs, ni à la nature des êtres créés. Seul le mal physique dont l'origine réside dans le mal métaphysique par l'intermédiaire du mal moral est une véritable privation. À la question de l'origine du mal métaphysique, on répondra par la matière, en entendant par la matière ce qui préexiste à l'information démiurgique ou à la création divine par lesquelles tous les êtres sont faits ou créés. À la question de l'origine du mal moral (dans la mesure où celui-ci ne trouve pas entièrement son origine dans le mal métaphysique), on répondra par la liberté et, plus précisément, par le libre arbitre, puisque l'imperfection des êtres relatifs et des êtres créés est à l'origine de leur faillibilité sans être à l'origine de leur défaillance.

L'origine du mal dans la matière

C'est Leibniz[1] qui opère le rapprochement assez inattendu entre la matière informe des anciens et l'entendement de Dieu

1. Voir *Essais de théodicée*, 1re partie, § 20.

comme lieu de tous les possibles et de tous les mondes possibles tel qu'il est conçu dans son propre système. Les anciens disposaient dans la matière d'un principe incréé et indépendant de Dieu, dans lequel ils pouvaient placer l'origine du mal, en réservant à Dieu l'origine du bien. Les modernes ne soustrayant pas la matière à la création de Dieu, ils ne disposent plus d'un tel principe et semblent, par suite, devoir tomber dans l'embarras. Ils disposent néanmoins, selon Leibniz, d'un principe analogue dans « la nature idéale de la créature, autant que cette nature est renfermée dans les vérités éternelles qui sont dans l'entendement de Dieu indépendamment de sa volonté ». Dieu crée en effet à partir de rien tout ce qui est, mais il ne crée pas les idées à partir desquelles il crée tout ce qui est.

D'après le *Timée*[1], trois principes sont à l'origine du monde si on tient le monde pour beau et bon : 1) un auteur lui-même bon voulant que sa bonté se reflète dans son ouvrage ; 2) une masse de choses qui demeureraient sans ordre si ne s'exerçait sur elles une intelligence ordonnatrice ; 3) une intelligence ordonnatrice se réglant sur un modèle intelligible fixe et immuable, et plaçant l'intelligence dans l'âme, puis l'âme dans le corps, afin que, par son intelligence, chaque âme témoigne de l'ordre du monde et que, par son intelligence, l'âme du monde témoigne elle-même de l'intelligence ordonnatrice de son auteur. Cette cosmogonie semble inspirée d'Anaxagore, mais on sait par le *Phédon* que Platon pensait que seule sa théorie des idées permettait de remplir le programme d'Anaxagore. Il reproche en effet à Anaxagore de n'avoir pas appliqué le principe selon lequel l'intelligence gouverne le monde car, après avoir posé le principe, Anaxagore ne cherche pas la raison pour laquelle les choses sont ce qu'elles sont, il se contente de chercher la cause par

---

1. Voir *Timée*, à partir de 27c.

laquelle les choses sont ce qu'elles sont. Or, si les choses ne sont pas ce qu'elles sont sans ces causes, cela ne signifie pourtant nullement qu'elles sont ce qu'elles sont par ces causes. C'est par leur fin et non par leur cause qu'on doit rendre raison des choses. Chaque chose tend à ce qu'elle est en soi, aucune chose particulière n'étant parfaitement adéquate au modèle intelligible que constitue l'idée de cette chose. L'idée est, pour chaque chose, le bien où elle tend. Platon en conclut, au livre VI de la *République*, que le bien est à l'égard de l'intelligence et de l'intelligible ce que le soleil est à l'égard de l'œil et du visible, à savoir l'être au-delà de l'être à la lumière duquel l'intelligence perçoit l'intelligible. L'idée du bien est ce qu'il y a de plus haut, étant l'idée qui ramène à l'unité toutes les idées en leur donnant d'être ce qu'elles sont et d'assurer l'intelligibilité de ce dont elles assurent l'intelli-gibilité. Aussi peut-on dire, en revenant au *Timée*, que trois principes sont à l'origine du monde : 1) la matière, qui est le principe du mal ; 2) la forme, qui est le principe du bien ; 3) le démiurge qui, étant lui-même bon, informe autant que possible la matière.

La pensée chrétienne ne peut maintenir ce schéma sans le transformer puisque le Dieu de la Bible crée tout à partir de rien sans rencontrer une matière préexistante qui limiterait la bonté de son action. Reprenant la question «d'où vient le mal ?», saint Augustin[1] exclut la réponse par la matière. Un Dieu tout-puissant a pouvoir sur la matière. Ayant le pouvoir de l'anéantir comme de la créer, il a aussi le pouvoir de la purger de tout mal. Il ne faut cependant pas abandonner la réponse du *Timée*, selon Leibniz, pour se cantonner dans une réponse par la liberté. Il suffit de mettre la matière en Dieu et non hors de Dieu. Le Dieu de Leibniz, contrairement à celui de

---

1. Voir *Confessions*, livre VII, chap. V.

Descartes, ne crée pas les essences. Dieu conçoit tout ce qui est concevable, tout ce qui, n'enfermant pas de contradiction, est possible. Il conçoit non seulement le possible contenu dans les notions génériques incomplètes, mais encore le possible contenu dans les notions individuelles complètes car, en concevant tous les mondes possibles, c'est-à-dire tous les mondes qu'il pourrait créer s'il le voulait, il conçoit tous les individus possibles dans lesquels s'expriment tous ces mondes possibles. Ainsi, non seulement Dieu ne décide pas de ce que sont le cercle ou le triangle, mais encore il ne décide pas de ce que seront Alexandre, César ou Judas, en tant qu'individus déterminés nécessairement compris dans le meilleur des mondes possibles, celui qui n'est pas l'objet de son entendement sans être l'objet de sa volonté. Ce n'est donc pas ailleurs que dans « la nature idéale de la créature » ou dans la notion individuelle complète que gît, en dernière analyse, l'origine de tout le mal moral et de tout le mal physique commis et subi par cette créature ou par cet individu. Et à qui serait tenté d'objecter qu'on ne voit guère, dès lors, de différence fondamentale avec la nécessité spinoziste, Leibniz répliquera[1], premièrement, par la distinction des consécutions logiques et des consécutions causales, laquelle préserve la contingence des effets et, deuxièmement, par le rôle conféré à la volonté humaine dans l'actualisation du possible, lequel préserve, outre la contingence des effets, la liberté de l'homme. La puissance et la bonté de Dieu ne sont pas limitées, de l'extérieur, par la matière. La puissance et la bonté de Dieu sont limitées, de l'intérieur, par la sagesse de Dieu ou par l'entendement de Dieu comme lieu de tous les possibles.

Mais, à supposer qu'on adhère à la réponse leibnizienne concernant l'origine du mal métaphysique, on ne résout pas

---

1. *Discours de métaphysique*, § 13.

encore le problème de l'origine du mal moral, dans la mesure où celui-ci ne trouve pas entièrement son origine dans le mal métaphysique. Leibniz lui-même, tout en considérant qu'il y a une imperfection de la créature en tant que telle avant le péché, ne laisse pas de ménager une place à la responsabilité de l'homme pécheur. Car, même si la prévision et la préordi-nation sont en Dieu antérieures, du moins logiquement, à l'accomplissement des mauvaises actions en ce monde, il n'en demeure pas moins qu'elles sont chronologiquement conco-mitantes, Dieu prévoyant et voulant éternellement ou de tout temps ce que l'homme, quant à lui, n'accomplit que dans le temps. On peut dire, même chez Leibniz, que l'homme n'est que faillible tant qu'il n'a pas défailli par sa propre volonté, de sorte qu'il ne saurait invoquer la prévision et la préordination pour s'excuser à l'avance du mal qu'il s'apprête à commettre, qu'il ne l'ait déjà volontairement commis[1]. Le passage à l'existence de ce qui est virtuellement dans la notion des indi-vidus implique l'action de ces individus et, dans le cas de l'homme, une action libre, la liberté étant définie par la sponta-néité, la contingence et la délibération par laquelle l'homme imite Dieu en voulant ce qui lui paraît le meilleur. Leibniz semble faire sienne cette idée de saint Augustin[2] que la question de l'origine du mal posée par l'homme ne révèle que son déni de responsabilité. Il faut alors poursuivre l'enquête, chercher l'origine du mal non en Dieu mais en l'homme : le libre arbitre est la cause du mal qu'il commet; la justice de Dieu est la cause du mal qu'il ne subit que pour l'avoir préala-blement commis.

---

1. *Discours de métaphysique*, § 30.
2. Voir *Confessions*, livre VII, chap. III et V.

L'origine du mal dans la liberté

Si Dieu crée tout ce qui est et si Dieu est bon, alors tout ce qui est doit être réputé bon. Dieu ne crée rien de mauvais. Le mal n'est pas un être, il est au contraire un non-être, une déficience, un défaut, qu'il prenne la forme d'une simple négation ou d'une véritable privation. Il y a des degrés d'être ou de perfection. Tous les êtres créés par Dieu n'ont pas le même degré d'être ou de perfection, mais cette hiérarchie des êtres ne comporte encore aucun mal car un moindre être n'est pas en soi un mal. En revanche, il y a du mal en soi, et pas uniquement pour nous, quand un de ces êtres, en l'occurrence l'homme créé avec le libre arbitre, premièrement, se préfère à Dieu et, deuxièmement, subvertissant par là l'ordre des biens, préfère aussi l'inférieur au supérieur. Et il est juste que, en punition de cette subversion, Dieu non seulement abandonne l'homme à lui-même et à l'impuissance de son libre arbitre désormais mû par la concupiscence, mais encore assujettisse l'homme aux créatures sur lesquelles il devait exercer sa domination et, en lui-même, l'âme au corps. Le mal est donc imputable non à Dieu qui est la source de tout bien, mais à l'homme créé par Dieu avec cette faculté, le libre arbitre, qui lui permet de se détourner de la source de tout bien, de la sagesse divine qui seule définit et ordonne tous les biens, pour se tourner vers lui-même et vers sa propre sagesse. La volonté pèche, selon le *De libero arbitrio*[1], lorsqu'elle se détourne du bien immuable et commun, à savoir Dieu, pour se tourner soit vers son bien propre, soit vers un bien extérieur, soit vers un bien inférieur. C'est ainsi que l'homme succombe aux trois concupiscences : il devient orgueilleux, curieux, sensuel. Est-ce à dire que le libre arbitre soit un mal ? En tant que faculté elle-même créée par Dieu, le libre arbitre n'est pas un mal. La faculté est bonne ;

---

1. II, XIX, 53.

seul l'usage que l'homme en fait est mauvais. Mais pourquoi l'homme fait-il un mauvais usage de cette faculté bonne par elle-même? À la question «d'où vient le mal?» succède la question «d'où vient que l'homme pèche?». L'homme de la seconde nature pèche en raison de la concupiscence et de l'ignorance du bien, qui sont les conséquences du péché originel. Mais d'où vient le péché originel? La Bible enseigne à ce sujet que l'homme n'est pas induit en erreur par Dieu mais qu'il est tenté par le diable. Alors que Dieu avertit l'homme qu'il ne doit pas manger de l'arbre de la connaissance du bien et du mal sous peine de mort, le diable lui suggère qu'en mangeant de cet arbre il se rendra semblable à Dieu et que Dieu ne lui interdit de manger de cet arbre que pour conserver un privilège dont il veut le priver. Le recours au diable ne fait cependant que reculer le problème. Si l'origine du mal est dans la liberté, ou plutôt dans le libre arbitre, cette origine demeure un mystère. Saint Augustin insiste à plusieurs reprises sur la nécessité de s'arrêter à ce mystère. Il n'y a rien à chercher au-delà de la volonté mauvaise: la volonté mauvaise n'a aucune cause.

Tout homme répète ensuite la transgression du premier homme. Le fait qu'il naisse pécheur n'empêche pas qu'il ne soit pécheur par sa propre volonté et, partant, responsable de ses péchés car, même si l'homme de la seconde nature perd l'indifférence de la volonté ou du libre arbitre, il ne perd pas pour autant la volonté, ou le libre arbitre, ou le pouvoir du bien et du mal. Pascal le montre clairement dans le 2ᵉ *Écrit sur la grâce* en comparant la volonté de l'homme de la première nature et la volonté de l'homme de la seconde nature. Les caractères de la première sont les suivants: 1) elle est naturellement inclinée au bien comme à sa fin propre; 2) elle est indifférente au bien et au mal en ce sens que, sans aucune délectation prévenante, elle est inclinée au bien que lui représente l'entendement, et qu'elle peut par conséquent demeurer réglée en prenant Dieu pour fin et pour mesure de tout bien ou se dérégler en se prenant elle-même pour fin et pour mesure de tout bien; 3) elle est flexible au bien et au mal, capable du bien avec la grâce, capable du mal sans la grâce; 4) elle est maîtresse de la grâce, la grâce lui étant donnée pour qu'elle accomplisse la loi du bien comme loi de Dieu si elle le veut, et non pour qu'elle veuille l'accomplir. Les caractères de la seconde sont les suivants : 1) elle est naturellement inclinée au bien comme à sa fin propre mais, s'étant déréglée en se prenant elle-même pour fin et pour mesure de tout bien, elle est naturellement inclinée au mal sous couvert du bien; 2) elle n'est pas indifférente au bien et au mal mais elle est au contraire toujours inclinée par une délectation prévenante, soit au mal par la concupiscence, soit au bien par la grâce, sans recouvrer jamais le libre choix du bien ou du mal; 3) elle est flexible au bien et au mal, capable du bien sous la grâce, capable du mal sans la grâce; 4) elle est soumise à la grâce, la grâce lui étant donnée non seulement pour qu'elle accomplisse la loi du bien comme loi de Dieu si elle le veut, mais encore pour qu'elle veuille l'accomplir en y trouvant surnaturellement plus de plaisir qu'à tout ce qui lui plaît naturellement. Il ne faut donc pas confondre le libre arbitre, comme pouvoir du bien et du mal, avec l'indifférence, comme libre choix du bien ou du mal sans délectation prévenante, ni de la concupiscence, ni de la grâce. L'homme de la seconde nature perd l'indifférence sans perdre le libre arbitre. C'est ce qui permet de récuser conjointement les molinistes et les protestants. Les molinistes se trompent en croyant que la conservation du libre arbitre implique la conservation de l'indifférence. Les protestants se trompent en croyant que la perte de l'indifférence implique la perte du libre arbitre. Ni les uns ni les autres ne parviennent à concilier corruption de la nature par le péché originel et libre arbitre. Cependant, soutenir que la nature est corrompue par le péché originel ne revient pas à soutenir que la nature est unilatéralement mauvaise. Seule une nature originellement bonne peut se muer en une nature corrompue. La première nature subsiste à titre de trace ineffaçable dans la seconde nature. La capacité de Dieu et du bien subsiste dans l'homme de la seconde nature, quoique cette capacité soit une capacité vide tant qu'elle n'est pas réactualisée par la grâce et par une grâce – la grâce efficace – qui, dans la seconde nature, emprunte à la concupiscence la forme de la délectation prévenante.

La difficulté que Pascal affronte en gardant le dogme du péché originel, Kant va l'affronter après lui en rejetant ce dogme. Comment concilier l'existence d'un penchant au mal dans la nature humaine avec l'exigence d'un libre arbitre qui découle de ce fait de la raison qu'est la présence, en l'homme, de la loi morale comme loi de la raison pure pratique? S'il y a en lui un impératif catégorique, un devoir inconditionnel, on ne saurait nier qu'il peut conférer à ses maximes la forme de l'universalité qui est celle de la loi morale, on ne saurait nier qu'il possède un libre arbitre. Pour Kant comme pour saint Augustin, l'origine du mal moral n'est pas à chercher dans la nature de l'homme et dans ses facultés, en l'occurrence, pour Kant, dans la sensibilité, mais dans l'usage de cette faculté, le libre arbitre qui, chez Kant, est la faculté des maximes. D'après *La religion dans les limites de la simple raison*, 1re partie, le mal consiste alors non à subordonner le bien suprême à des biens qui ne sont biens que relativement à lui, mais à subordonner, dans la maxime générale du libre arbitre, le motif rationnel au motif sensible. Au lieu d'accueillir le motif rationnel comme condition suprême, ou comme condition de l'accueil du motif sensible, dans la maxime générale de son libre arbitre, l'homme renverse l'ordre, il accueille le motif sensible comme condition suprême, comme condition de l'accueil du motif rationnel, dans la maxime générale de son libre arbitre. Le mal est radical parce que ce renversement affecte toutes les actions humaines, qu'elles soient matériellement bonnes ou mauvaises, en les rendant formellement mauvaises. Mais Kant rejette le dogme du péché originel dans la mesure où le péché (la transgression de la loi du bien comme loi de la raison pure pratique) n'est pas inscrit dans la nature humaine elle-même. Le péché n'est inscrit que dans la maxime fondamentale du libre arbitre humain. Il s'ensuit qu'il appartient à l'homme de se convertir, de redonner à toutes ses maximes une bonne direction dans la maxime fondamentale de son libre arbitre, même si cette décision nouménale doit se traduire dans les phénomènes par un effort à l'infini qui pérennise l'imperfection inhérente à la vertu humaine, toujours en défaut par rapport à la sainteté divine, et qui requiert par conséquent une foi elle-même rationnelle en la grâce de Dieu. L'homme doit combattre, sans présumer de s'en délivrer (contre ce que la 2ᵉ *Critique* appelle « le fanatisme moral »), le penchant au mal sous ses trois formes : 1) la fragilité du cœur humain, qui l'empêche de conformer ses actions à ses maximes ; 2) l'impureté du cœur humain, qui l'empêche de démêler les motifs de ses maximes ; 3) la perversité du cœur humain, qui l'empêche de subordonner, dans ses maximes, les motifs non moraux aux motifs purement moraux. Le mal radical est un mystère parce qu'on n'arrive pas à expliquer comment le libre arbitre, l'arbitre comme libre, c'est-à-dire l'arbitre comme déterminable (*de jure*) par le motif rationnel, peut être déterminé (*de facto*) par un autre motif que le motif rationnel. Kant partage avec saint Augustin l'idée que le mal est radical et que le mal radical est un mystère, tout en rejetant la doctrine augustinienne du péché originel et de la grâce efficace. Il s'agit pour lui de concilier le penchant au mal dans la nature humaine avec le libre arbitre sans invoquer la distinction du libre arbitre

et de l'indifférence et sans suspendre la conversion du libre
arbitre à une grâce efficace entièrement gratuite. Kant est
conscient de cette divergence[1], et sur la définition du péché, et
sur la définition de la grâce.

Est-il possible de pénétrer le mystère auquel on se heurte
lorsqu'on place l'origine du mal moral dans la liberté et, plus
précisément, dans le libre arbitre? Est-il possible de trans-
gresser l'interdit augustinien, de chercher la cause ou, à tout le
moins, la raison de la volonté mauvaise? Comment l'homme
passe-t-il de l'innocence au mal?

De l'innocence au mal

Si l'homme est cette étrange créature qui prétend s'égaler à
Dieu, c'est parce qu'il a été créé à l'image de Dieu, ou comme
esprit à l'image de Dieu qui est esprit. Adam ne céderait pas à
la tentation du diable s'il ne se croyait privé de ce qui ne lui est
que promis dans sa création, à savoir la participation à la gloire
de Dieu. La Bible indique cette origine du mal, et dans le récit
de la Genèse, et dans le commentaire qu'en donne l'apôtre
Paul[2]. Pour paraphraser Pascal[3], l'homme n'a pu soutenir tant
de gloire sans tomber dans la présomption. Le péché était
prévisible et il n'a pourtant pas détourné Dieu de son dessein,
de sorte qu'on peut se demander si le dessein de Dieu n'inclut
pas le péché. Dieu n'a pas voulu élever l'homme jusqu'à lui
sans s'abaisser lui-même jusqu'à l'homme. Le péché n'est pas
voulu en tant que péché mais il est voulu en tant que condition
de l'Incarnation. Selon Paul, il fallait que tous les hommes
fussent enfermés dans la désobéissance et dans la condamnation d'Adam, afin que tous fussent affranchis dans l'obéis-

---

1. Voir *La religion dans les limites de la simple raison*, 1re partie et
3e partie, 1re section, § 7, sur la foi sanctifiante.
2. Romains, V.
3. *Pensées*, Lafuma 149.

sance et dans la glorification de Jésus-Christ. Au-delà du libre
arbitre, l'origine du mal moral est donc à chercher dans la
volonté de Dieu, dans la volonté qui préside à la création du
monde.

Hegel va plus loin. Non seulement le péché est prévu et
voulu par Dieu, mais encore il est nécessaire compte tenu de
l'essence de Dieu. Car il est dans la nature de l'esprit de n'être
pas en soi, mais en soi et pour soi. Contrairement à la matière
qui ne se réfléchit pas, l'esprit se réfléchit et ne se réfléchit que
par différenciation d'avec lui-même en lui-même. Il est
identité de l'identité et de la différence. Il ne serait pas ce qu'il
est sans la médiation par laquelle il se fait être ce qu'il est : il
n'est pas immédiatement ce qu'il est, il devient ce qu'il est et
ne s'affirme, dans sa puissance infinie, que par la négation de
la négation ou par la négation de ce qu'il n'est pas (ce que
Hegel nomme « la négativité »). Le judaïsme conçoit déjà Dieu
comme esprit, mais abstraitement, sans conférer un contenu
déterminé à cette notion. Seul le christianisme confère un
contenu déterminé à cette notion en énonçant que Dieu, qui est
esprit, est aussi Trinité. Dieu est Père, en soi ; Dieu est Fils,
pour soi ; Dieu est Esprit, en soi et pour soi. Dans le langage de
la philosophie comme théologie spéculative, Dieu est esprit.
Dans le langage de la religion qui est le langage du sentiment,
Dieu est amour, l'amour consistant à être chez soi dans l'autre
que soi.

Parce que Dieu est esprit et Trinité, la création, d'une part,
et l'Incarnation, d'autre part, ne découlent pas de la volonté de
Dieu mais de l'essence de Dieu. C'est en vertu de la nécessité logique du concept que Dieu doit s'aliéner dans la création et surmonter cette aliénation dans l'Incarnation. Quant à
l'homme comme esprit fini, c'est en vertu de la même
nécessité logique du concept qu'il doit pécher par lui-même,
puis être délivré du péché par Dieu. Dans les *Leçons sur la*

philosophie de l'histoire[1], Hegel commente à sa manière le récit de la Genèse. Dans les *Principes de la philosophie du droit*[2], il explique comment l'homme est voué à passer de l'innocence au mal. Étant esprit, l'homme ne peut demeurer ni dans l'innocence qui est coïncidence à soi et ignorance du bien et du mal comme objets de sa volonté, ni dans l'innocence du désir. Mais la prise de conscience de soi et la position du bien et du mal comme objets de sa volonté impliquent la disjonction de sa volonté et du bien. Or, dans cette disjonction, la volonté est un libre arbitre et elle est formellement mauvaise. Elle est d'autant plus mauvaise qu'elle élève les objets du désir au rang d'objets de la volonté. Le mal ne se situe ni dans l'innocence en tant que telle, ni dans la connaissance en tant que telle, mais en ce que, rompant avec l'innocence, la volonté se fait juge du bien et du mal sans savoir ce qui est bien et ce qui est mal. Revendiquant le bien, elle ne veut en réalité que ce qui lui plaît. Qu'on songe ici à l'enfant. L'enfant ne veut pas obéir à ses parents sans savoir à quoi il a à obéir. Mais, précisément parce qu'il ne sait pas à quoi il a à obéir, sa liberté n'a pas d'autre contenu que ses caprices. Cependant, la nécessité du mal s'accompagne de la nécessité de la suppression du mal. L'obligation de supprimer le mal se fonde sur la nécessité de supprimer le mal. L'enfant doit se discipliner et devenir adulte. Est adulte celui qui sait ce qui est bien et celui qui veut le bien comme l'objet propre de sa volonté en renonçant à juger arbitrairement du bien et du mal. Le mal s'introduit donc avec la moralité subjective. Socrate est à la cité grecque et à sa moralité substantielle l'analogue historique d'Adam, même si le mal culmine non dans l'ironie socratique, qui est au service du

1. Voir *Leçons sur la philosophie de l'histoire*, 3e partie, 3e section, chapitre II.
2. Voir *Principes de la philosophie du droit*, 2e partie, 3e section, § 139, remarque.

bien, mais dans l'ironie romantique, qui ôte définitivement toute substance aux valeurs pour ériger le sujet, en sa liberté formelle, suprême valeur[1]. Les figures d'Adam et de Jésus-Christ balisent l'histoire éternelle de l'esprit. La nécessité interne de la suppression du mal n'empêche pas que cette suppression du mal n'ait à advenir sous l'impulsion de l'Incarnation. Tout homme a à se libérer du mal parce qu'il est libéré du mal en Jésus-Christ, comme tout homme est naturellement dans le mal parce qu'il répète la transgression d'Adam. D'un côté, Dieu n'est Dieu qu'en se faisant homme et, de l'autre côté, l'homme n'est homme qu'en se faisant Dieu (il se fait comme Dieu en péchant et il se fait vraiment Dieu en surmontant le péché qu'il ne surmonte qu'en Dieu), si bien que le fondement de ce double processus est en Dieu qui, comme esprit infini, crée l'homme à son image, ou comme esprit à l'image de Dieu qui est esprit.

Hegel pénètre tellement le mystère de l'origine du mal moral qu'il risque de dissoudre le mal moral. Le péché originel et l'Incarnation deviennent nécessaires au détriment de la liberté de l'homme et au détriment de la liberté de Dieu. Faut-il donc abandonner le projet de pénétrer le mystère de l'origine du mal moral ? Kierkegaard n'abandonne pas le projet, en dépit de la critique qu'il adresse à Hegel. Cette critique a une double dimension, éthique et logique. Premièrement, Kierkegaard reproche à Hegel de compromettre la liberté de Dieu et la liberté de l'homme. Deuxièmement, Kierkegaard reproche à Hegel de confondre les consécutions dans l'ordre de l'être et les consécutions dans l'ordre de l'essence. Le passage de la possibilité du péché à la réalité du péché est un passage dans l'ordre de l'être et non dans l'ordre de l'essence. Il ne peut donc jamais relever de la nécessité logique du

---

1. Voir *Principes de la philosophie du droit*, 2e partie, 3e section, § 140, remarque.

concept. On ne peut expliquer la réalité du péché, qui représente un saut qualitatif. Au mieux, on peut tenter d'expliquer la
possibilité du péché par une approche psychologique, tout
en distinguant soigneusement psychologie, dogmatique et
éthique.

Dans *Le concept d'angoisse*, la critique de Hegel présup-
pose une critique de la doctrine du péché originel comme
péché héréditaire. Car, si le genre humain ne recommence pas
depuis le début avec chaque individu, de sorte qu'il y a une
histoire de la peccabilité par la génération, en revanche,
chaque individu étant lui-même et le genre humain, il recommence depuis le début l'histoire du genre humain, de sorte
qu'ici c'est avec chaque individu que le péché et la peccabilité
sont véritablement posés. En ce sens, le péché de tout homme
venant après Adam n'est pas essentiellement différent du
péché d'Adam. Le premier péché, en tout homme comme en
Adam, n'est pas simplement un péché (à considérer d'un point
de vue quantitatif), mais le péché (à considérer d'un point de
vue qualitatif), ou l'acte par lequel le péché entre dans le
monde parce que la peccabilité entre dans l'individu (quoique
plus ou moins accrue par l'histoire). Il s'ensuit que, à l'instar
d'Adam, tout homme passe de l'innocence au mal. Mais
qu'est-ce que l'innocence? L'innocence n'est pas seulement
l'ignorance du bien et du mal, elle est avant tout l'ignorance de
soi-même comme esprit. Hegel a raison sur ce point, mais il a
tort de réduire l'innocence à l'immédiateté qui, comme telle,
ne peut pas ne pas être supprimée par l'esprit. L'innocence est
l'esprit en puissance, l'esprit à l'état de rêve. L'homme est une
synthèse d'âme et de corps portée par l'esprit. Dans l'innocence, l'homme n'actualise pas encore la synthèse qu'il est. Or
le passage aristotélicien de la puissance à l'acte, comme le
passage leibnizien de la possibilité à la réalité, est un passage
irréductible à la nécessité logique du concept. L'angoisse est

cette attirance mêlée de répulsion qui saisit l'homme devant le passage à l'acte qui doit le faire être ce qu'il est. Quelque chose le retient de pécher, quelque chose le pousse à pécher, le péché consistant, pour l'esprit humain, à se poser sans se poser dans la puissance qui l'a posé. Aussi l'angoisse est-elle précipitée par l'avertissement divin et par la séduction diabolique qui extériorisent, dans le récit biblique, son ambiguïté constitutive. L'homme est alors au plus près du péché, mais cette approximation est sans commune mesure avec le péché proprement dit. C'est librement et non nécessairement que l'homme pèche pour être lui-même. C'est librement et non nécessairement que Dieu, qui a librement voulu créer un tel être, s'incarne pour sauver un tel être. Kierkegaard se démarque ainsi point par point de Hegel en le suivant point par point. L'origine du mal moral gît, au-delà du libre arbitre, dans la nature de l'homme et, fondamentalement, dans la nature de Dieu. Mais, si Dieu est amour et si, étant amour, il crée l'homme capable du péché et de la grâce, la création dépend d'une libre volonté de Dieu, le péché dépend d'une libre volonté de l'homme et la grâce dépend de la réponse d'une libre volonté de l'homme à une libre volonté de Dieu. Il n'y a d'effectivité pour l'homme comme individu qu'en un devenir pécheur et un devenir chrétien qui n'annulent dans la neutralité logique, ni la culpabilité du pécheur, ni la justification du chrétien.

La maladie à la mort prolonge ces analyses. L'homme y est défini comme esprit, et l'esprit humain comme moi. Le moi est un rapport qui se rapporte à lui-même. Or, l'homme étant une synthèse d'âme et de corps, d'éternel et de temporel, d'infini et de fini, de liberté et de nécessité, le moi a à effectuer la synthèse. En se posant sans se poser dans la puissance qui l'a posé, le moi s'enferme dans le désespoir. Il désespère d'être lui-même, d'effectuer la synthèse qu'il a à effectuer. Tous les hommes, qu'ils le sachent ou non, sont dans le désespoir puisque l'impossibilité d'être soi s'approfondit avec la prétention à être soi. Plus le moi veut être lui-même, moins il le peut. Il n'y a que Dieu qui puisse délivrer le moi du désespoir parce qu'il lui rend, avec la puissance d'être en se posant dans la puissance qui l'a posé, la possibilité d'être lui-même. Comme le péché, la grâce est pour l'individu un recommencement depuis le début de l'histoire du genre humain, mais un recommencement qui, contrairement à celui du péché, renouvelle toute cette histoire en le faisant remonter, par-delà le péché, à la grâce de sa création – bref, ce que Kierkegaard nomme « une répétition ».

On comprend que l'homme puisse envier l'autosuffisance heureuse de l'animal, qu'il puisse s'acharner à détruire l'humanité de l'homme en lui et dans les autres. L'homme désespéré qui ne peut par lui-même, ni se faire lui-même, ni se défaire de lui-même, porte en lui l'inhumanité.

Kierkegaard dégage la modernité de saint Paul. Mais, si l'origine du mal moral est à chercher, au-delà du libre arbitre, dans la libre volonté du créateur, Dieu n'est-il pas l'auteur du mal moral et du mal physique qui en est une punition ? L'avantage de la position augustinienne est d'exonérer Dieu du mal moral et du mal physique qui en est une punition. À partir du moment où l'homme est coupable du désordre sans qu'il y ait à chercher de cause de la volonté mauvaise, il revient à Dieu de punir conformément à l'ordre le péché qui est contraire à l'ordre. Sa providence fait justice de l'injustice des hommes. Il est faux de penser que les pécheurs échappent à la justice de Dieu sous prétexte que celle-ci n'est pas éclatante. Personne n'est au-dessus des lois de Dieu. L'âme humaine doit rendre ce qu'elle doit : ou elle le rend en faisant un bon usage des dons de Dieu ; ou elle le rend en perdant les dons de Dieu dont elle ne fait pas un bon usage. Le péché est vengé dans le péché même, car les pécheurs perdent immédiatement les dons de Dieu dont ils ne font pas un bon usage. Le malheur s'attache sans retard à l'injustice. Il n'y a pas de délais de la justice divine. Le jugement dernier ne fera qu'éclater ce qui se produit déjà en secret[1]. Pour saint Augustin, Dieu est plus qu'un postulat de la raison pratique. Il récompense les justes et punit les injustes dès cette vie, quoique sans séparer encore les uns des autres. Les justes sont dans le monde, mais non du monde ; les injustes sont dans le monde, et du monde.

DIEU EST-IL L'AUTEUR DU MAL ?

Dieu n'est-il pas l'auteur non seulement du mal moral et de toutes ses suites, à savoir le mal physique dont l'origine est le mal moral, mais encore du mal physique dont l'origine n'est pas le mal moral, s'il est cause première et raison de tout ce qui arrive ? On aura beau objecter que l'action de la cause première n'empêche pas l'action de la cause seconde, de sorte que l'homme est responsable et du péché, et de tout le mal qui en résulte, cet argument ne permettra pas de disculper Dieu qui ne laisse pas de vouloir, en voulant tout ce qui arrive, que l'homme veuille ce qu'il veut. Seuls ceux qui soutiennent que Dieu est cause première et créateur de tout ce qui est sans être cause première et raison de tout ce qui arrive, comme Kant[2], éviteront de faire de Dieu l'auteur du mal. Il est difficile d'éviter de faire de Dieu l'auteur du mal si Dieu non seulement détermine tout ce qui arrive par sa volonté, mais encore concourt à tout ce qui arrive par sa puissance.

Le discours de la théodicée est un discours de la justification de Dieu qui surgit lorsqu'on fait Dieu cause

1. *De libero arbitrio*, III, XV, 44.

2. Voir dans la *Critique de la raison pratique*, 1re partie, livre I, chap. III, l'« examen critique de l'analytique de la raison pure pratique ».

première et raison de tout ce qui arrive. Comment concilier ces trois propositions : 1) Dieu étant tout-puissant, il n'y a rien qui n'ait été prévu et voulu par lui ; 2) Dieu étant bon, il ne saurait vouloir le mal ; 3) il y a du mal dans ce qui a été prévu et voulu par Dieu ? Ces trois propositions étant incompatibles, on ne peut sortir de la difficulté sans discuter l'une d'entre elles. Soit Dieu n'est pas tout-puissant ; soit Dieu n'est pas bon ; soit le mal n'est pas le mal.

Une première grande théodicée, celle du Livre de Job, consiste à discuter la bonté de Dieu sans discuter la toute-puissance de Dieu et la réalité du mal.

Dieu est-il bon ?

Job est le serviteur de Dieu. C'est un homme comblé par la vie. Dieu permet que tout lui soit retiré afin d'éprouver sa foi. Job se retrouve donc seul, dépouillé de tout, rongé par les maux physiques, sans avoir aucunement failli. Dans un premier temps, Job proclame son innocence contre ses amis qui préfèrent l'accuser plutôt que d'avoir l'air de croire que Dieu pourrait sévir contre un innocent. Il assure que Dieu ne frappe pas en lui un coupable mais un innocent. Ainsi, il n'y a pas de justification morale de son mal. Y a-t-il une justification métaphysique de son mal ? Dans un deuxième temps, Job élève une plainte contre Dieu. Car il ne voit pas de raison à son mal : pourquoi Dieu l'a-t-il fait naître pour le frapper si durement puisqu'il doit aussi bien le faire mourir bientôt ? Cependant, il ne désespère pas de voir la délivrance de son mal. Il ne désespère pas des raisons de Dieu, même si ces raisons lui sont inconnues. Dans un troisième temps, Dieu intervient dans le débat qui oppose Job à ses amis. Il approuve Job, non d'avoir élevé une plainte contre lui, mais d'avoir confessé l'incompréhensibilité de ses raisons sans pour autant douter de lui et de ses raisons. Dieu fait valoir qu'il est à l'origine de tout ce qui est, y compris de ce qui choque l'ordre ordinaire de la nature ou de ce qui détruit la nature. Il énumère alors les merveilles et les fléaux dont il est l'auteur. En termes leibniziens, le malheur de Job est l'expression de tout ce qui est et, à ce titre, à l'origine de tout ce qui est, y compris de l'existence (de la naissance et de la mort) de Job : il est antérieur à Job lui-même, abyssal. Dans un quatrième temps, Job rétracte sa plainte contre Dieu au nom de cette justification métaphysique formelle (car le discours de Dieu ne lui fait pas voir la raison de son mal en particulier) et mérite ainsi de voir la délivrance de son mal (espérée jusque dans sa plainte), tandis que ses amis (ses accusateurs) sont condamnés.

Sur le fond, le Livre de Job est un texte leibnizien. Grâce à son rejet de l'accusation morale portée par ses amis, Job se hausse au niveau métaphysique. Grâce à son interrogation sur les raisons de Dieu, Job fait ressortir le caractère formel et abstrait de toute théodicée métaphysique. Chez Leibniz, le mal est justifié *a priori* : Dieu ne peut vouloir que le meilleur possible. On n'a nullement besoin de s'enfoncer dans le détail afin de montrer que ce qui est correspond effectivement au meilleur possible (quelques échantillons suffisent pour qu'une justification *a posteriori* complète la justification *a priori*). Cela reste par conséquent l'objet d'une foi métaphysique.

Sur la forme, le Livre de Job est un texte kantien où la véracité est louée, l'hypocrisie blâmée. Les amis de Job sont des flatteurs qui préfèrent accuser injustement celui qui est juste plutôt que d'avoir l'air d'incriminer la justice de Dieu. Face à eux, Job fait preuve de droiture, et en proclamant son innocence, et en se plaignant de son ignorance. Il ne ment pas. Aussi, selon Kant[1], la « théodicée authentique » de Job, fondée sur la vertu et la foi en la justice de Dieu, contraste-t-elle avec

---

1. *Sur l'insuccès de toutes les tentatives philosophiques en matière de théodicée.*

la « théodicée doctrinale » de ses amis, fondée sur l'interprétation des fins de Dieu à partir de la nature. Job appuie la foi
sur la moralité, c'est-à-dire sur une base inébranlable. Ses amis
appuient la moralité sur la foi : alors que la vertu rend digne du
bonheur, ils se figurent quant à eux que le malheur est signe du
vice, trahissant par là et l'hétéronomie de leur moralité, et la
servilité de leur foi, et la fragilité de l'une et de l'autre. Kant
reconnaît qu'on ne pourrait vouloir le bien comme on le doit si
on ne croyait en un Dieu susceptible d'accorder, par-delà le
mécanisme naturel, la vertu et le bonheur [1]. La raison pratique
postule ce qui est la condition de possibilité de l'objet nécessaire de la volonté bonne. Elle concède que, selon les lois du
mécanisme naturel, il n'y a pas de liaison nécessaire entre
vertu et bonheur. Les prospérités du vice et les infortunes de
la vertu, décrites complaisamment par Sade, sont monnaie
courante. Mais elle n'admet pas, en revanche, qu'on puisse se
contenter des lois du mécanisme naturel si la loi morale n'est
pas une chimère, étant entendu qu'elle serait une chimère si on
devait tenir pour vain de vouloir le bien que se propose
nécessairement la volonté bonne dans son autonomie.

Dans son malheur, Job ne remet pas en cause la liaison
nécessaire de la vertu et du bonheur. Dans son malheur, Job ne
remet en cause que la bonté d'un Dieu tout-puissant qui veut
ou qui, à tout le moins, permet un mal injustifiable du point de
vue moral. Sans doute y a-t-il des raisons à ce mal, mais ces
raisons ne lui sont pas accessibles. Job se plaint donc de
l'incompréhensibilité et non de l'injustice du mal que, en tant
que juste, il est prêt à souffrir patiemment. Et, si Dieu confirme
cette incompréhensibilité tout en récusant cette plainte, c'est
parce que l'homme doit encore comprendre l'incompréhensibilité du mal qui le touche personnellement. On doit croire

---

1. Voir *Critique de la raison pratique*, 1 re partie, livre II, chap. II, I.

que Dieu est bon sans savoir en quoi il est bon, puisqu'il est aussi bon en étant l'auteur des monstres et du malheur de Job qu'en étant l'auteur d'une nature ordonnée et du bonheur de Job. La bonté de Dieu ne doit pas être mesurée à l'aune de la partie mais à l'aune du tout. Dieu ne paraît méchant à quelques-unes de ses créatures que parce que sa bonté s'étend à l'ensemble de ses créatures. Aussi réclame-t-il d'elles, comme Leibniz le remarque dans la préface des *Essais de théodicée*, non une simple résignation, mais un véritable contentement, ce qui fait selon lui toute la différence entre le *fatum stoïcum* et le *fatum christianum*. Quand on comprend que Dieu ne peut rien vouloir de meilleur que ce qu'il veut effectivement et qu'il a égard en cela à la moindre de ses créatures en dépit de l'incompréhensibilité du mal qui peut l'affecter, on se réjouit, jusque dans le mal dont on est affecté, d'une bonté qui se manifeste suffisamment dans l'existence même du monde auquel on appartient. Une deuxième grande théodicée, celle de Leibniz, joint à la discussion de la bonté de Dieu la discussion de la toute-puissance de Dieu. Dieu ne veut que le meilleur possible parce que l'entendement de Dieu limite la volonté de Dieu.

Dieu est-il tout-puissant ?

Contrairement au Dieu de Descartes, le Dieu de Leibniz n'est pas libre à l'égard de sa propre essence. Mais, contrairement au Dieu de Spinoza, le Dieu de Leibniz n'est pas nécessité par sa propre essence. Si Dieu était nécessité par sa propre essence, il produirait tous les possibles ou il ne produirait rien. Or, tous les possibles n'étant pas compatibles entre eux pour former un monde, Dieu n'est pas nécessité à créer le monde qu'il crée. Compte tenu de son essence, il veut le bien d'une nécessité absolue ou métaphysique. De même qu'il existe nécessairement, il veut le bien nécessairement. Leibniz appelle « volonté antécédente » la volonté qui veut chaque bien en tant que bien et il appelle « volonté conséquente » la volonté qui résulte du conflit entre toutes les volontés antécédentes[1]. Dieu ne peut ni combiner tous les biens, ni combiner tous les biens qui sont combinables à l'exclusion de tout mal. Il veut le meilleur possible d'une nécessité non plus absolue ou métaphysique, mais relative ou morale, pour autant qu'il veut faire exister hors de lui le plus de ces biens qui, à titre de simples possibles, prétendent tous à l'existence. Il veut faire exister hors de lui le monde qui agrège le plus de substances en tous genres qui s'entre-empêchent le moins.

Le Dieu de Leibniz se heurte donc à une double limite : 1) son ouvrage, pris globalement, comporte nécessairement de l'imperfection du seul fait qu'il ne se confond pas avec lui ; 2) son ouvrage, pris dans ses parties, comporte nécessairement de l'imperfection du fait que les substances qui le composent s'entre-empêchent le moins sans que soit évacuée toute passivité en ces substances. Aucune substance n'agit directement sur une autre substance. Aucune substance ne pâtit donc directement d'une autre substance. Toute substance actualise spontanément, conformément au système de l'harmonie préétablie, les accidents qui déterminent sa notion[2]. On peut pourtant parler d'action et de passion dans les substances, à proportion de l'augmentation et de la diminution de leur degré d'expression[3]. Une substance est d'autant plus active qu'elle exprime mieux Dieu et le monde, d'autant plus passive qu'elle exprime moins bien Dieu et le monde. Or, outre le fait que toute action suscite du plaisir et toute passion de la douleur, l'erreur et le péché procèdent en l'homme du degré de distinction ou de confusion des perceptions de l'entendement, et ce

---

1. Voir *Essais de théodicée*, 1re partie, § 22, et 2e partie, § 119.
2. *Discours de métaphysique*, § 8.
3. *Discours de métaphysique*, § 15.

degré dépend lui-même du degré de perfection actuel de la substance.

Le mal physique et le mal moral s'expliquent donc, d'abord et généralement, par la limitation originale de la création en tant que telle, ensuite et particulièrement, par la limitation des créatures entre elles, en tant qu'elles se limitent les unes les autres. Le mal physique est lié à une diminution de puissance. Le mal moral est lié à une diminution de compréhension qui amène l'homme à prendre le meilleur apparent pour le meilleur réel. Quoiqu'il ne dépende pas de lui de substituer immédiatement des perceptions distinctes à des perceptions confuses, il dépend de lui d'acquérir des perceptions moins confuses et plus distinctes par la délibération qui, retardant le moment de vouloir, permet à la volonté de ne pas se déterminer à ce à quoi l'inclinent les passions, au détriment des raisons et du jugement pratique de l'entendement[1].

La théodicée leibnizienne conjugue deux arguments : 1) on doit croire que Dieu est bon, lors même que sa bonté n'est pas décelable partout ; 2) on ne doit concevoir la toute-puissance de Dieu ni sur un mode cartésien, ni sur un mode spinoziste. En créant le meilleur des mondes possibles, Dieu crée un monde d'où le mal n'est pas exclu. Il existe une troisième grande théodicée, celle des stoïciens, qui consiste à discuter la réalité du mal.

Le mal est-il le mal ?

Le Dieu de Job oppose déjà à son propre point de vue le point de vue de l'individu particulier qui endure le mal. Le stoïcisme dépasse considérablement cette perspective dans la mesure où, d'une part, il oppose au point de vue de Dieu, qui confère une rationalité au monde, le point de vue de l'individu

---

1. Voir *Essais de théodicée*, 1re partie, § 51, et 3e partie, § 310-311.

particulier qui non seulement subit le mal, mais encore le commet, et, d'autre part, il fait appel à la rationalité de l'homme pour l'inciter à tirer le bien du mal en faisant un bon usage du mal subi et du mal commis. Le mal n'est pas le mal puisqu'il incombe à la raison d'en faire la matière du bien.

Peut-être faut-il d'abord chercher dans la philosophie d'Héraclite[1] la source de ces thèses. Héraclite pense, pour autant qu'on puisse en juger, que le monde est gouverné par une unique loi[2], la loi de Zeus[3], qui veut que chaque chose se renverse en son contraire et naisse de son contraire, à commencer par l'unité qui naît de la multiplicité et la multiplicité qui naît de l'unité[4], car l'un n'est que ce qui est commun à tous[5], de sorte que toutes choses sont engendrées par la discorde[6] et que la discorde est elle-même cette loi commune à tous[7]. Il s'ensuit que, si pour Dieu toutes choses sont belles et bonnes[8], c'est sans doute parce que le mal naît du bien et le bien du mal, tandis que les hommes forgent l'idée que certaines choses sont bonnes et d'autres mauvaises, sans apercevoir l'unité du bien et du mal[9].

Chez les stoïciens également, le monde est gouverné par la loi de Zeus. Or, pour paraphraser Marc-Aurèle[10], ce qui ne lèse pas la loi ne lèse pas la cité et ce qui ne lèse pas la cité ne lèse pas le citoyen. Rien ne pouvant léser la loi, rien ne peut léser le monde et, rien ne pouvant léser le monde, rien ne peut léser

1. Voir Fragments, numérotation Diels, dans l'édition de la Pléiade, *Les Présocratiques*, Paris, Gallimard, 1988.
2. II, p. 146, et CXIV, p. 171-172.
3. XXXII, p. 154.
4. X, p. 148.
5. II, p. 146, et CXIV, p. 171-172.
6. VIII, p. 147.
7. LXXX, p. 164.
8. CII, p. 169.
9. LVIII, p. 159.
10. *Pensées pour moi-même*, livre X, XXXIII.

l'homme qui n'est pas une partie du monde sans pouvoir, par sa raison, adhérer à la loi du monde. Adhérer à la loi du monde consiste à se conformer à la raison en toutes circonstances. Or personne n'en est empêché que par lui-même. Le sage n'en est pas empêché. C'est pourquoi il est heureux. Car, ce que le plaisir est à l'homme sensible, le bonheur de la vertu l'est à l'homme raisonnable quand il agit conformément à sa nature. Ainsi, le sage n'est jamais malheureux, quoi qu'il puisse lui arriver. Nombreux sont les obstacles qui contrarient une nature ou une vie sans raison. Ces êtres sont exposés à la contrainte. En revanche, aucun obstacle ne contrarie une nature ou une vie régies par la raison. Car la raison peut toujours tirer le meilleur parti de l'obstacle. Elle fait de l'obstacle un organe. Tout mal devient pour la raison la matière d'un bien. La raison est cette forme infinie capable de faire de tout mal la matière d'un bien. Ainsi, rien ne lui résiste. Elle échappe à toute contrainte, elle est libre.

Mais, objectera-t-on, l'homme n'est pas seulement un être raisonnable, il est aussi un être sensible. N'est-il pas exposé par son corps à la contrainte ? Il serait néanmoins plus exact de dire que son corps, comme tout corps dépourvu de raison, est exposé à la contrainte et qu'il n'est lui-même exposé à la contrainte que pour autant qu'il laisse subsister cette contrainte par l'usage de ses représentations, puisqu'il lui est loisible de s'en délivrer par la raison. On ne se trouve mal du mal que par une concession de la raison, laquelle devrait s'en servir pour s'en trouver mieux et en sortir grandie.

Mais, objectera-t-on derechef, peut-on traiter le mal moral comme le mal physique ? La raison peut-elle faire du mal moral, comme du mal physique, la matière du bien ? Rien n'interdit, tout favorise au contraire ce recul vis-à-vis de soi-même ou ce travail de la raison sur elle-même pour s'exhausser à travers les obstacles, qu'ils soient extérieurs ou intérieurs.

Le sage n'a pas à surmonter le mal causé par les obstacles extérieurs sans avoir à surmonter encore davantage le mal causé
par les obstacles intérieurs. Ce n'est pas qu'on puisse tirer parti
des passions, qui sont choses mauvaises, comme on peut tirer
parti des choses indifférentes. Mais, en se faisant d'elles une
représentation exacte, la raison réduit ce qu'il y a de passionnel
dans les passions, et les supprime par là progressivement. La
raison est donc souveraine par rapport au mal moral comme
au mal physique. L'homme en proie au mal, qu'il soit physique
ou moral, est l'homme qui n'est pas raisonnable. Or nul
homme n'est ni immédiatement ni parfaitement raisonnable.
Le premier devoir d'un homme qui devient raisonnable est de
convenir de sa faiblesse. Ainsi, d'après Épictète[1], s'en prendre
aux autres de ce qui provient toujours d'un défaut de sa propre
raison est le fait d'un ignorant, s'en prendre à soi-même est le
fait d'un homme qui commence à s'instruire, ne s'en prendre
ni aux autres ni à soi-même est le fait d'un homme parfaitement instruit. La force du sage stoïcien, qui est celle de
sa nature raisonnable, implique donc, paradoxalement, la
conscience de sa faiblesse native, et son orgueil, l'humilité.
Le sage ne s'élève en effet au-dessus de lui-même et de la
condition humaine qu'en se disciplinant. Il doit se détacher de
lui-même comme il doit se détacher des choses, afin d'user de
lui-même comme des choses, conformément à la raison.

Le mal n'est pas le mal, ni à l'échelle cosmique, ni à
l'échelle de l'homme qui, par sa raison, s'égale à Dieu. Les
stoïciens s'inspirent d'Héraclite parce que le bon usage du
mal, en surmontant l'opposition du bien et du mal, accorde
l'homme à la loi du tout. Cette théodicée stoïcienne, en germe
chez Héraclite, s'accomplit chez Nietzsche. Le mal n'est pas le
mal, non pour une nature ou une vie régies par la raison, mais

1. *Manuel*, V.

pour une vie forte, pour une vie capable de donner forme à cette matière qu'est le mal conçu comme souffrance ou comme péché. Pour Nietzsche, le mal suprême consiste à vouloir se protéger à tout prix du mal, à vouloir se garder à tout prix de la souffrance et du péché, à en accuser les autres plutôt que soi-même, et soi-même plutôt que personne. La transvaluation de toutes les valeurs est une rédemption. Dionysos est la puissance affirmative rédimant tout ce qui passe pour négatif, la souffrance et le péché, en soi-même comme dans l'histoire du genre humain. Ainsi, la maîtrise des instincts, qui est le contraire de leur sacrifice, est l'indice d'une vie forte. Ainsi, l'approbation de tout ce qui arrive ou l'*amor fati*, mieux encore la volonté de voir revenir éternellement tout ce qui arrive ou la doctrine de « l'éternel retour », mieux encore la sublimation de tout ce qui advient dans l'activité artistique, laquelle ne s'exerce pas seulement dans l'art, tout cela est l'indice d'une vie forte. On ne condamne jamais que sa propre faiblesse car on ne condamne jamais que ce qu'on est impuissant à intégrer à sa propre vie. Ce n'est pas la raison qui est cette forme infinie capable de faire de tout mal la matière d'un bien, c'est la vie qui est cette forme infinie capable de faire de tout mal la matière d'un bien. Aussi n'est-ce pas en diffamant la vie, comme le font le platonisme et le christianisme, qu'on parvient au bien. Le bien est, par-delà l'opposition morale, humaine trop humaine, du bien et du mal, ce que l'activité artistique de la vie tire du mal. Dénoncer le mensonge des valeurs absolues qui dévaluent la vie ne revient pas à détruire toute valeur. La vie est elle-même un processus d'évaluation qui recèle une auto-évaluation. La valeur se mesure ici à la puissance d'assimilation, laquelle ne se confond nullement avec la volonté de domination. Dans la volonté de domination qui caractérise la classe sacerdotale et qui se traduit par l'ascétisme, on ne s'impose une discipline qu'afin de l'imposer aux autres et de se prémunir contre eux. La volonté de domination est fondamentalement réactive. Elle est l'expression du ressentiment. À l'inverse, un homme est d'autant plus fort qu'il peut davantage assimiler, et non condamner, ce qui lui est contraire (le mal) sans en mourir. Le modèle de la force est l'homme qui récapitule toute l'histoire en l'assumant, celui qui n'a pas besoin de croire en une finalité ou en une providence pour justifier le mal parce qu'il est lui-même cette finalité ou cette providence qui justifient le mal. Plus encore que la théodicée stoïcienne, la théodicée nietzschéenne fait du mal la matière du bien et de l'homme faisant du mal la matière du bien le dieu qui donne sa loi au tout, ou plutôt le dieu à travers qui le tout se donne sa loi.

Les deux volontés de Dieu

Les théologiens ont coutume de distinguer en Dieu deux volontés : une volonté déclarée et une volonté secrète. Par la première, non seulement Dieu prescrit le bien et interdit le mal, mais encore Dieu affirme ne vouloir ni du péché ni de la mort et des maux qui sont le salaire du péché. Par la seconde, Dieu est censé non seulement prévoir mais encore vouloir tout ce qui arrive, quelque mal qui s'y trouve. Or peut-être faut-il s'appuyer fermement sur la volonté déclarée de Dieu pour ne pas se méprendre sur sa volonté secrète et sur le sens à conférer à sa toute-puissance. Il n'est pas sûr que Dieu veuille tout ce qui arrive, pas même sûr qu'il concoure à tout ce qui arrive. Soit on soutiendra, avec Malebranche, que Dieu est l'auteur de tout ce qui est, mais que ce qui arrive n'arrive qu'en vertu des lois qu'il a instaurées. Soit on soutiendra plus radicalement, avec Hans Jonas, que Dieu est l'auteur de tout ce qui est, mais que ce qui arrive n'arrive qu'en vertu d'un cours du monde qu'il affranchit intégralement et de sa volonté, et de sa puissance.

Pour Malebranche, Dieu crée le monde et il est par conséquent l'auteur de tout ce qui est, mais il ne s'ensuit pas que Dieu veuille tout ce qui arrive dans le monde. Dieu n'agit pas dans le monde par des volontés particulières, il agit dans le monde par des volontés générales. Ce qui arrive dans le monde arrive en vertu des lois de la nature, que cela soit conforme ou contraire à l'ordre immuable et inviolable qui est la loi de la volonté de Dieu. Car l'ordre lui-même exige, avec la simplicité et la fécondité des voies, que Dieu agisse dans le monde par des volontés générales plutôt que par des volontés particulières, lesquelles ne persistent qu'à titre de miracles. Dieu réalise donc ses desseins sans contrevenir aux lois de la nature, bien que les lois du mécanisme naturel produisent des effets contraires à l'ordre ou de véritables désordres. Ainsi, la pluie tombe indistinctement sur les sablons et sur les terres cultivées, comme Malebranche le répète souvent. Et Dieu n'empêche pas plus le mal imputable à l'homme qu'il n'empêche le mal imputable à la nature. L'homme veut librement ce qu'il veut en vertu de plusieurs lois, lois de la nature et lois de la grâce qui ne sont pas moins l'expression de volontés générales que les lois de la nature. Ainsi, la pluie de la grâce tombe indistinctement sur des hommes qui profiteront de cette grâce et sur des hommes qui ne profiteront pas de cette grâce. C'est pourquoi il est permis de s'opposer à ce qui arrive sans s'opposer à la volonté de Dieu. Malebranche ne prône ni le *fatum stoïcum* ni le *fatum christianum*. Il critique au contraire explicitement le stoïcisme[1]. La vertu est soumission à l'ordre, non soumission à la nature et à ses lois. On peut résister à l'action de Dieu sans résister à la volonté de Dieu, puisque Dieu prête en quelque sorte la main au mécanisme aveugle de

---

1. *Traité de morale*, I, I, § XX-XXII.

la nature et aux passions criminelles des hommes en aban-
donnant le monde à ses lois.

Pour Hans Jonas[1], la croyance en un Dieu créateur du
monde n'invalide pas l'hypothèse selon laquelle ce Dieu laisse
le monde suivre son cours en le livrant dès l'origine au hasard
et à la nécessité. Davantage encore, Dieu se dessaisit de lui-
même au point de confier son sort à sa création et de s'en
remettre à elle, d'une part, pour qu'elle le fasse exister, d'autre
part, pour qu'elle le fasse être celui qu'il est. Dieu court ainsi
un risque infini, le risque de la foi ou de l'athéisme, le risque
de la transfiguration ou de la défiguration. L'évolution et
l'histoire témoignent d'une souffrance de Dieu consentie dès
l'origine. Par cette souffrance, Dieu souffre avec sa création. Il
ne veut pas le mal, il le partage avec ses créatures, notamment
avec l'homme qui se rapporte à lui dans la foi. Pas une créature
ne succombe dans l'indifférence de Dieu, conformément à
Matthieu, X, 28-31. Hans Jonas insiste sur le fait que, face
au mal sous sa forme la plus monstrueuse (Auschwitz), on
ne saurait se contenter de limiter la puissance de Dieu à la
manière des théodicées traditionnelles. Car on ne saurait
comprendre pourquoi, dans une telle circonstance, Dieu ne
recouvre pas toute sa puissance et ne se manifeste pas par un
miracle. Il faut dépasser jusqu'à la perspective malebran-
chiste : si Dieu ne se manifeste pas par un miracle, c'est parce
qu'il s'est dépouillé de tout pouvoir d'immixtion dans le cours
du monde, du moins dans le cours physique du monde, son
retrait initial n'excluant pas qu'il ne se rende présent au cœur
de l'homme qui se rapporte à lui dans la foi et qu'il n'y
acquière toute sa puissance face au mal.

Hans Jonas se démarque doublement de Malebranche :
1) non seulement il est faux que Dieu veuille tout ce qui arrive,

---

1. *Le concept de Dieu après Auschwitz.*

mais encore il est faux que Dieu concoure à tout ce qui arrive ; 2) le monde est soumis aux lois de la nature, mais la grâce transcende quant à elle les lois auxquelles le monde est soumis. Hans Jonas n'hésite pas à confronter son hypothèse aux textes juifs, bibliques et post-bibliques. On peut aller plus loin que lui dans cette direction. Car, selon la Bible, dire que rien n'arrive dans le monde sans la volonté de Dieu ne revient pas à dire que la volonté de Dieu est cause première et raison de tout ce qui arrive dans le monde. Il ne faut chercher dans la volonté de Dieu que la volonté qui préside à la création du monde, volonté dont le fondement est la glorification de l'homme en Jésus-Christ, de sorte qu'elle enveloppe et le péché originel, et l'Incarnation. Il y a là une finalité surnaturelle qui n'a rien à voir avec une finalité naturelle et qui n'exclut nullement la nécessité naturelle. Depuis le péché d'Adam, le monde est abandonné à lui-même ; depuis la venue de Jésus-Christ, le monde est jugé. L'évangile de Jean enseigne que Dieu ne règne pas dans le monde, mais sur le monde et sur le prince de ce monde qui, lui, règne dans le monde. Dieu ne règne que dans les cœurs qu'il convertit et qu'il associe à un règne sur le monde qui n'est pas de ce monde. Il est caractéristique que Hegel s'empresse de borner la portée de cet enseignement en prétendant que le mépris du monde n'est propre qu'au christianisme primitif et qu'il ne convient plus à l'Église chrétienne. Il est clair qu'on peut se représenter la providence divine de deux façons : ou bien Dieu règne dans ce monde ; ou bien Dieu ne règne pas dans ce monde. Pour Hegel, le mal ne concerne que les esprits finis. Il ne subsiste pas face à l'esprit infini qui s'y affirme et en qui les esprits finis eux-mêmes acquièrent leur subsistance. Aussi la connaissance de cet élément affirmatif procure-t-elle aux esprits finis une satisfaction réelle autrement plus puissante que leur sentiment du mal. Telle est la véritable légitimation du mal, spéculative et concrète, non métaphysique et abstraite comme celle de Leibniz, jugée insuffisante[1]. Pour saint Paul, le Dieu qui a voulu le péché non en tant que péché mais en tant que condition de l'Incarnation a par là même dénié toute légitimité au mal. Un Dieu qui est amour infini accepte de se faire lui-même la victime innocente du mal plutôt que d'empêcher l'homme de commettre librement le mal.

LE PERVERS ET LE SAINT

Le pervers n'est pas l'homme du mal ordinaire. L'homme du mal ordinaire est celui qui, tout en faisant le mal, reste persuadé qu'il suffirait de commettre de bonnes actions pour être soi-même bon. Le pervers sent qu'il ne suffit pas de commettre de bonnes actions pour être soi-même bon. Sa sensibilité morale est plus fine que celle de l'homme du mal ordinaire. Mais, au lieu de désespérer de lui-même et d'espérer en Dieu, le pervers s'enfonce dans l'autosuffisance. Il tire parti de la situation sans vergogne. Si le bien est impossible, tout le mal en revanche demeure possible. L'écart devient possible. Les choses se mettent à bouger, à sortir de leur cadre, à ressortir : elles s'enchantent subitement. Le pervers rend le réel irréel ou surréel, en voyant dans tout ce qui se présente à lui l'occasion d'accomplir ses fantasmes. Il se prend au jeu, en sachant qu'une fois qu'il aura commencé il n'aura plus la volonté de revenir en arrière, il se fera une sorte de devoir d'aller jusqu'au bout. Quel bout ? Soit un moi absorbant le monde, soit un monde absorbant le moi : l'implosion du monologue ou l'explosion du silence. Le pervers, en tout cas, n'est plus ni au monde, ni à lui-même : il n'a plus d'ancrage nulle part. C'est un marginal que parfois rien ne distingue des autres mais qui se meut dans

---

1. Voir *Leçons sur la philosophie de l'histoire*, Introduction.

l'invisible, tel le meurtrier ou tel le justicier du roman de Giono, *Un roi sans divertissement*. La littérature est par essence perverse, elle a par essence rapport au mal, comme le montrent parmi tant d'autres Baudelaire, Rimbaud ou Bataille.

L'homme est l'être éminemment dangereux de qui on peut s'attendre à n'importe quoi, non parce qu'il dispose naturellement d'un droit illimité pour se conserver, comme le croit Hobbes, mais parce qu'il est susceptible, en tant qu'être dénaturé, détourné de Dieu et livré à lui-même, d'être distrait de la routine morale, excédé par les bienséances et captivé par toutes les horreurs que lui suggère son imagination. Ces horreurs ne lui paraissent même plus des horreurs. Dans l'état de somnambulisme et d'apesanteur où se trouve le pervers, ces horreurs ont quelque chose d'innocent. L'homme pervers régresse en deçà du clivage du bien et du mal, loin de surmonter dans la grâce le clivage du bien et du mal. Mais, en même temps, le pervers ne perd pas conscience au point de ne plus s'apercevoir que ces horreurs n'ont, en fait, rien d'innocent. Voilà pourquoi il cherche à s'abrutir, à sombrer dans l'inconscience, son seul désespoir étant de ne pouvoir atteindre, malgré tous ses efforts, l'innocence pure et simple des brutes. Sa nostalgie de l'innocence est un désir inversé de sainteté, l'innocence de l'homme n'ayant rien de commun avec l'innocence de l'animal. La perversité est donc l'envers de la sainteté, l'homme étant d'autant plus exposé à la perversité qu'il aspire davantage à la sainteté, mais par ses propres forces – par exemple en se retirant au désert pour y défier les démons, comme l'illustre le thème de la tentation de saint Antoine emprunté par plusieurs artistes à Jacques de Voragine [1].

Selon la Bible, tout homme est potentiellement pervers car nul homme ne peut se glorifier sans mensonge de ses propres

---

1. Voir *La légende dorée*, vie de saint Antoine.

œuvres. Suffit-il de s'abstenir des mauvaises actions pour que le cœur soit exempt d'iniquités? Qui ne fait le mal en son cœur ou qui ne rêve de faire le mal? L'injustice consiste ici à se figurer qu'on est meilleur que ceux qui commettent de mauvaises actions. Quand on se fait soi-même Dieu, on ne traite plus les autres comme soi-même et, quand on ne traite plus les autres comme soi-même, on n'échappe pas à la structure spéculaire de l'accusation comme dénégation du péché. Que haïssons-nous dans les autres? Qu'ils nous voient et qu'ils ne se voient pas. Bref, qu'ils soient comme nous, qu'ils nous renvoient dans leur aveuglement même notre propre image. Ne jugez pas et vous ne serez pas jugé, conseille l'Évangile[1], car on vous jugera avec le jugement dont vous jugez, et on vous trouvera ridiculement hypocrite, vous qui voyez la paille dans l'œil de votre frère tandis que vous ne voyez pas la poutre dans le vôtre. Le saint se sait digne de la colère de Dieu, mais il a foi en la parole de Dieu, qui non seulement promet la rémission des péchés, mais encore effectue la rémission des péchés lorsqu'elle s'incarne en Jésus-Christ. Aussi le saint est-il semblable à Dieu qui, dans sa grâce, ne juge pas, et qui, dans sa justice, ne juge pas par lui-même, ou avec partialité, mais laisse les hommes se juger eux-mêmes, ou en vérité. Dieu qui est le modèle de toute sainteté fait indistinctement lever son soleil sur les bons et sur les méchants, et indistinctement pleuvoir sur les justes et sur les injustes[2], sa parole seule opérant la discrimination entre ceux qu'elle attendrit et ceux qu'elle endurcit.

---

1. Voir Matthieu, VII, 1-5.
2. Voir Matthieu, V, 45.

TEXTES ET COMMENTAIRES

TEXTE 1

HEGEL
Leçons sur la philosophie de l'histoire, 3ᵉ partie, 3ᵉ section,
chapitre II : « Le christianisme » [1]

[...] Comme il a été dit, le malheur extérieur doit devenir
la douleur intérieure de l'homme : il doit se sentir comme la
négation de lui-même, reconnaître que son malheur est celui
de sa nature, qu'il est en lui-même ce qui est séparé et divisé.
Cette détermination de l'éducation en soi-même, de la douleur
de son propre néant, de sa misère propre, du désir d'échapper à
cet état intérieur, doit être cherchée ailleurs que dans le monde
romain proprement dit ; elle donne au *peuple juif* sa signification et son importance dans l'histoire universelle, car d'elle
est sortie la condition supérieure où l'esprit est parvenu à la
conscience absolue de lui-même quand de l'altérité qui constitue sa désunion et sa douleur, il se réfléchit en lui-même. La
destination du peuple juif que nous avons indiquée, nous la
trouvons exprimée sous la forme la plus pure et la plus belle
dans les psaumes de David et chez les prophètes dont le fond

1. Ttraduction J. Gibelin, Paris, Vrin, 1979, p. 248-251.

est constitué par la soif que l'âme a de Dieu, son immense douleur de ses fautes, le désir de justice et de piété. La représentation mythique de cet esprit se trouve tout au début des livres hébreux dans l'histoire du *péché originel*. On raconte que l'homme, créé à l'image de Dieu, a perdu son état de béatitude absolue pour avoir mangé du fruit de l'arbre de la science du bien et du mal. Le péché ne consiste ici que dans la connaissance ; elle est le péché et c'est par elle que l'homme a perdu son bonheur naturel. C'est une vérité profonde que le mal a son siège dans la conscience, car les animaux ne sont ni méchants, ni bons ; l'homme non plus dans le pur état de nature. C'est de la conscience seule, que résulte la séparation du moi, en sa liberté infinie comme libre arbitre, et du pur contenu du vouloir, le bien. La chute c'est la connaissance supprimant l'unité naturelle ; elle n'a rien de contingent, c'est l'histoire éternelle de l'esprit. Car l'état d'innocence, cet état paradisiaque, c'est la condition des animaux. Le paradis est un parc où les animaux seuls peuvent demeurer, non les hommes. Car l'animal est un avec Dieu, mais seulement en soi. L'homme seul est esprit, c'est-à-dire, pour lui-même. Cette existence pour soi, cette conscience représente aussi toutefois la division d'avec l'esprit divin universel. Si je m'oppose au bien dans ma liberté abstraite, c'est là précisément la position du mal. C'est pourquoi la chute est le mythe éternel de l'homme par lequel il devient précisément homme. En demeurer à ce point de vue cependant, c'est le mal, et ce sentiment de douleur sur lui-même et de la nostalgie, nous le trouvons chez David quand il chante : « Seigneur, procure-moi un cœur pur, un nouvel esprit *assuré* ». De ce sentiment nous constatons déjà l'existence dans la chute, où cependant ne s'exprime pas encore la réconciliation, mais la persistance dans le malheur. Cependant le message prophétique de la réconciliation s'y trouve aussi renfermé, notamment dans la phrase : « On écrasera la tête du serpent »; et d'une façon encore plus profonde dans ces paroles de Dieu, quand il eut vu qu'Adam avait mangé des fruits de l'arbre : « Voici qu'Adam est devenu comme l'un de nous, sachant le bien et le mal ». Dieu confirme les paroles du serpent. En soi donc et pour soi est la vérité, que l'homme, par l'esprit, par la science du général et du particulier appréhende Dieu lui-même. Mais c'est Dieu qui dit ceci d'abord, non l'homme qui demeure bien plutôt dans la division. La satisfaction provenant de la réconciliation n'existe pas encore pour l'homme, la satisfaction ultime, absolue de tout l'être de l'homme n'est pas encore trouvée, mais d'abord seulement pour Dieu. Pour l'instant, le sentiment de la douleur sur lui-même demeure pour l'homme le terme. Ce qui constitue sa satisfaction, ce sont tout d'abord les satisfactions finies de la famille et de la possession du pays de Canaan. Il ne se sent pas satisfait en Dieu. On lui sacrifie bien dans le temple ; on expie par des sacrifices extérieurs et un repentir intérieur. Mais la discipline de l'empire romain a ôté au peuple juif cette satisfaction extérieure de la famille et de la propriété. Il est vrai que les rois de Syrie l'avaient déjà opprimé, mais les Romains furent les premiers à lui refuser l'individualité. Le temple de Sion est détruit, le peuple, serviteur de Dieu, est dispersé. Toute satisfaction est donc ôtée désormais et le peuple est rejeté dans l'état du premier mythe, celui de la douleur de la nature humaine en elle-même. À l'universelle fatalité du monde romain s'oppose ici la conscience du mal et la direction vers le Seigneur. Il importe seulement que cette idée fonda-mentale s'élargisse en un sens objectif général et soit comprise comme l'être concret de l'homme, l'accomplissement de sa nature. Jadis le pays de Canaan était pour les Juifs ce concret, eux-mêmes étant le peuple de Dieu ; mais ce contenu est désor-mais perdu et il en résulte le sentiment du malheur, désespérant de Dieu auquel se rattachait essentiellement cette réalité. La misère n'est donc pas ici la stupidité sous un destin aveugle, mais l'énergie infinie de l'aspiration. Le stoïcisme enseignait seulement que la négation n'existe pas et qu'il n'y a pas de douleur. Mais le sentiment juif persévère plutôt dans le réel et demande en lui la réconciliation ; car il se fonde sur l'unité orientale de la nature, c'est-à-dire, la réalité, la subjectivité et la substance de l'Un. Par la perte de la réalité purement extérieure, l'esprit est ramené à lui-même ; ainsi le côté de la réalité est purifié, pour la généralité, par le rapport à l'Un. L'opposition orientale de la lumière et des ténèbres est transporté ici dans l'esprit, et les ténèbres sont le péché. À la réalité niée, il ne reste désormais que la subjectivité même, la volonté humaine en soi en tant que générale ; ainsi seulement la réconciliation devient possible. Le péché c'est reconnaître le bien et le mal, comme séparation ; mais la connaissance guérit aussi l'ancien dommage et elle est source de l'infinie réconciliation. Connaître en effet, c'est anéantir l'extérieur, l'élément étranger de la conscience, c'est donc le retour en soi de la subjectivité. Or ceci posé dans la conscience réelle du monde, c'est la *réconciliation du monde*. De l'inquiétude de l'infinie douleur, où les deux côtés de l'opposition se rapportent l'un à l'autre, sort l'unité de Dieu et de la réalité posée négativement, c'est-à-dire, de la subjectivité séparée de lui. La perte infinie n'est compensée que par son infinité et devient ainsi un gain infini. – L'identité du sujet et de Dieu apparaît dans le monde *quand le temps fut accompli* : la conscience de cette identité, c'est la connaissance de Dieu en sa vérité. Le contenu de la vérité est l'*esprit* même, le mouvement vivant en soi. La nature de Dieu, d'être un esprit pur, devient *manifeste* pour l'homme dans la *religion chrétienne*. Mais qu'est-ce que l'esprit ? C'est l'Un, l'infini égal à lui-même, l'identité pure qui en deuxième lieu, se sépare de soi, comme l'autre soi-même, comme l'existence pour soi et en soi en face de l'universel. Cette division toutefois est résolue du fait que la subjectivité atomistique en tant que se rapportant simplement à soi, est elle-même l'universel, identique à soi. Si nous disons que l'esprit est l'absolue réflexion en soi par sa différenciation absolue, l'amour en tant que sentiment, le savoir en tant qu'esprit, il est alors compris comme l'*Un en trois personnes* : le Père et le Fils et cette différence en son unité, comme l'Esprit. Il faut ensuite remarquer que dans cette vérité est posé le rapport de l'homme à cette vérité même. Car l'esprit s'oppose comme son Autre à lui-même et il est le retour, de cette différence en lui-même. L'Autre, saisi dans l'idée pure est le Fils de Dieu, mais cet Autre, dans sa particularisation c'est le monde, la nature et l'esprit fini ; l'esprit fini est donc posé lui-même comme un moment de Dieu. Ainsi l'homme lui-même est compris dans le concept de Dieu et ce fait d'y être compris, peut s'exprimer sous cette forme que l'unité de l'homme et de Dieu est posée dans la religion chrétienne. Cette unité ne doit pas être comprise superficiellement, comme si Dieu n'était qu'homme et l'homme de même Dieu ; mais l'homme n'est Dieu qu'en tant qu'il surmonte ce que son esprit a de naturel et de fini, et qu'il s'élève à Dieu. En effet, pour l'homme qui a part à la vérité et qui sait qu'il est lui-même un moment de l'Idée divine, est posée en même temps la renonciation à son naturel, car le naturel est ce qui est privé de liberté et d'esprit. Dans cette idée de Dieu se trouve également la *réconciliation* de la douleur et du malheur de l'homme en lui-même. Car le malheur même est désormais connu comme nécessaire, afin de ménager l'unité de l'homme et de Dieu. Cette unité en soi n'existe tout d'abord que pour la conscience pensante, spéculative ; mais elle doit aussi exister pour la conscience sensible, représentative ; elle doit s'objectiver pour le monde, *apparaître* et certes sous la forme sensible de l'esprit qui est la forme humaine. Le *Christ* est apparu, un homme qui est Dieu et Dieu qui est homme ;

ainsi la paix et la réconciliation sont advenues au monde. Il faut rappeler ici l'anthropomorphisme grec dont il a été dit qu'il n'est pas allé assez loin. Car la naturelle sérénité grecque ne s'est pas encore avancée jusqu'à la liberté subjective du moi lui-même, jusqu'à cette intériorité, jusqu'à la détermination de l'esprit comme un *Celui-ci*.

COMMENTAIRE

Ce passage des *Leçons sur la philosophie de l'histoire* se situe dans la 3ᵉ partie, consacrée au monde romain. Hegel distingue quatre moments dans l'histoire universelle : 1) le moment oriental ; 2) le moment grec ; 3) le moment romain ; 4) le moment germanique (comme moment du Saint Empire romain germanique). Ces quatre moments correspondent aux étapes d'une prise de conscience de l'esprit par lui-même, l'esprit n'étant ici ni l'esprit individuel ni l'esprit absolu, mais l'esprit tel qu'il se manifeste dans le monde, à travers le destin des peuples. L'esprit ne se contente pas de se retrouver lui-même dans la connaissance de la nature, l'esprit se crée un monde conforme à ce qu'il est ou plutôt à ce qu'il se sait être, selon la conscience plus ou moins déterminée qu'il a précisément de ce qu'il est. Il se crée un monde conforme à son essence, qui est la liberté, selon la conscience qu'il a de lui-même, selon la conscience qu'il a de sa liberté.

Dans le moment oriental, l'esprit ne reconnaît pas encore dans la nature son autre : on a affaire à un esprit lui-même naturel. Le monde oriental est le monde du merveilleux qui est aussi bien le monde du terrible, parce que la différence entre la nature et l'esprit n'existe pas. Politiquement parlant, c'est le monde du despotisme ou de la liberté d'un seul. Dans le moment grec, l'esprit reconnaît dans la nature son autre et se cherche à travers cet autre en l'interprétant, en le spiritualisant. L'esprit ne se définit pas en rompant avec la nature, il se définit au contraire à même la nature, en embellissant la nature. Le moment grec est ainsi le moment de la beauté et du bonheur qui s'attache à la beauté, un bonheur néanmoins teinté d'un voile de tristesse parce qu'il a le pressentiment de sa caducité. En effet, les Grecs ne connaissent pas l'esprit dans son retour en lui-même, dans sa réflexivité infinie. Chez les Grecs se lève la conscience de la liberté, mais cette liberté n'est que celle du citoyen ou de quelques-uns, non celle de l'homme en tant que tel ou de tous. L'esprit doit s'abstraire de la nature. Cette abstraction a deux sources. La première est le judaïsme, qui pose Dieu comme esprit infini, gouvernant la nature entière et tous les esprits finis. La seconde est la constitution du monde romain. Le monde romain déshumanise l'homme en posant l'individu concret comme personne, comme sujet abstrait du droit, et, d'une façon analogue, détruit la singularité concrète des peuples en les réduisant au statut de provinces de l'empire. Rome représente le règne de l'universel abstrait. Dans le monde romain, l'esprit se définit en rompant avec la nature et en s'opposant à la nature qu'il abandonne à elle-même et à son caractère prosaïque. C'est le monde de la laideur et du malheur qui s'attache à la laideur, par contraste avec le monde grec de la beauté et du bonheur qui s'attache à la beauté. Cependant, la contrepartie de cette laideur et de ce malheur est que l'esprit rentre en lui-même et qu'il y découvre un fondement indépassable. Le monde romain est donc, extérieurement, le monde du despotisme et, intérieurement, le monde de la liberté, ou plutôt le monde d'une liberté en gestation, une liberté qui n'est plus seulement celle du citoyen dans son union substantielle à la cité, comme en Grèce, mais celle de l'homme en tant que tel, dans son libre arbitre et sa revendication d'autonomie. Dès lors, il ne s'agit pas de revenir en arrière, à la beauté et au bonheur des Grecs, car cette beauté et ce bonheur éphémères ne procuraient pas à l'esprit la satisfaction dont il a essentiellement besoin. Il s'agit au contraire de réconcilier l'esprit jusque dans son absolu déchirement. Or seul le christianisme issu du judaïsme, de la conscience juive du péché, apporte au monde la réconciliation infinie dont l'esprit a besoin dans son absolu déchirement. Aussi l'adoption du christianisme par les empereurs romains n'a-t-elle rien de contingent. Elle signe la fin du moment romain. Le moment germanique est le dernier moment de l'histoire universelle, le moment de la lente et difficile réalisation du principe chrétien dans le monde. Cette réalisation suppose le développement spéculatif du principe religieux chrétien et, corrélativement, le dépassement de la scission médiévale du spirituel et du temporel au sein du monde chrétien. La liberté ne devient la liberté de l'homme et du citoyen que dans l'État de droit moderne, quand les lois deviennent, comme expression de l'universel concret, l'objet propre de la volonté dans son autonomie.

Thèse

Hegel étudie dans ce texte la signification historique du judaïsme en adoptant une perspective historiographique qui est celle de l'histoire nommée par lui «histoire philosophique».

La signification historique du judaïsme, dans cette perspective, est d'intérioriser le malheur du monde romain qui, en tant que malheur spécifique du monde romain, demeure extérieur. La misère romaine n'est que «la stupidité sous un destin aveugle », une fatalité qui tient à la mission historique du peuple romain. Elle n'est ni comprise par lui, ni justifiée pour lui. Avec la conscience du péché entretenue par ses prophètes, le judaïsme s'avère le vecteur de ce qui manque au monde romain pour que sa misère soit dépassée : l'intériorisation de cette misère, sa compréhension et sa justification.

Qu'est-ce, en effet, que la souffrance du péché? La souffrance du péché n'est pas une souffrance contingente, la souffrance du péché est une souffrance nécessaire : elle est la souffrance nécessaire de l'homme comme esprit fini, comme esprit séparé de lui-même et divisé d'avec lui-même. Le récit de la chute d'Adam, au début de la Genèse, enseigne ce qu'est le péché. L'homme, qui en tant qu'animal innocent ne fait d'abord qu'un avec Dieu, ne se pose en son essence, comme esprit différent de l'animal, qu'en s'opposant à Dieu. Mais, parce qu'elle est la souffrance nécessaire de l'homme comme esprit fini ou comme esprit en contradiction avec lui-même, la souffrance du péché enferme la promesse de la réconciliation de l'esprit fini avec l'esprit infini comme résolution de la contradiction inhérente à l'esprit fini. Cette promesse se trouve déjà dans le récit de la Genèse. Elle est antérieure à la loi mosaïque qui est le malheur spécifique du monde juif, ou son destin, la loi mosaïque elle-même n'ayant de sens que par rapport à l'attente messianique perpétuée par les prophètes.

La question est cependant de savoir comment s'effectue la réconciliation. Car ce n'est pas parce que la réconciliation est logiquement nécessaire (dans le concept) qu'elle est effective (dans la réalité historique). Bien que nécessaire en soi, la réconciliation ne peut advenir tant que le peuple juif se satisfait d'une réconciliation seulement relative qui n'est pas la réconciliation de l'esprit fini avec l'esprit infini, ou de l'homme avec Dieu, mais la réconciliation du peuple serviteur de Dieu avec son Dieu, obtenue dans ces faveurs que sont pour lui le don d'une descendance et le don d'une terre. Pour Abraham, la réconciliation ne réside que dans les satisfactions finies de la famille et du pays de Canaan. Il faut donc que le peuple juif soit définitivement privé de ces satisfactions finies (qu'il n'en soit pas seulement temporairement privé comme lors des persécutions syriennes) pour que l'exigence de la réconciliation soit purifiée et spiritualisée, conformément à l'exigence originelle d'une réconciliation non pas relative, mais absolue. Cette privation, qui universalise l'attente messianique dont le peuple juif est porteur, n'intervient qu'avec l'anéantissement des espoirs nationalistes contre l'occupation romaine, la destruction du temple, la diaspora.

Le malheur qui frappe alors le peuple juif n'est en rien comparable avec le malheur qui frappe le peuple romain, dans la mesure où le malheur qui frappe le peuple juif ramène le peuple juif à un malheur plus fondamental, le malheur qui frappe l'homme dans son essentielle opposition à Dieu. Il ne lui est plus possible de se cantonner dans une réconciliation relative et il lui est impossible de se résigner au malheur, de renoncer à la réconciliation absolue exigée par la contradiction inhérente à l'esprit fini. Contrairement aux stoïciens qui répondent à l'abstraction du monde romain par l'abstraction de leur sagesse – laquelle consiste à dissoudre formellement le mal dans l'usage qu'est censée en faire souverainement la raison –, les Juifs persévèrent dans le désir d'une réconciliation réelle et non formelle, concrète et non abstraite. Car, à l'unité orientale de la nature, succède dans le judaïsme l'unité de l'esprit. L'orient résorbe la différenciation du réel dans l'identité de la substance. Mais ici, c'est l'esprit qui, n'ayant plus de satisfaction dans ce qui n'est pas lui, aspire à un retour en lui-même ou à un retour dans la substance qu'est l'esprit infini auquel il s'est opposé en se posant comme esprit fini. La lumière et les ténèbres de la religion mazdéenne sont transposées, les ténèbres étant le péché. Le péché est surmonté quand il est connu comme péché, la connaissance (comme équivalent spirituel de la lumière naturelle) étant ce qui abolit l'extériorité du péché (comme équivalent spirituel des ténèbres naturelles). Si la conscience, par laquelle l'homme se différencie de l'animal, est le péché, la conscience du péché est quant à elle l'abolition du péché comme extériorité de l'esprit à lui-même. Alors que la lumière et les ténèbres s'excluent sans la moindre médiation, la conscience du péché et le péché, qui les transposent dans l'esprit, sont deux termes qui ne s'opposent pas sans se rapporter l'un à l'autre et sans introduire la médiation dans l'unité de Dieu. La conscience du péché fait de l'unité de Dieu autre chose qu'une unité simple : Dieu est autre chose qu'une substance naturelle qui anéantit une subjectivité elle-même naturelle ou des différences elles-mêmes naturelles. La conscience du péché fait de l'unité de Dieu une unité dialectique : Dieu est une substance spirituelle qui n'est ce qu'elle est qu'en créant une subjectivité elle-même spirituelle ou des différences elles-mêmes spirituelles. De la conscience du péché émerge la conscience d'un mouvement d'auto-affirmation à travers l'auto-négation. La substance spirituelle est, contrairement à la substance naturelle incapable de s'enrichir dans ce qu'elle produit, une substance vivante et libre.

Ainsi, quand le peuple juif menacé de dissolution est ramené à l'infinité d'un malheur qui est celui du genre humain, les temps sont mûrs pour que la conscience du péché, déjà intérieurement présente dans le cœur de ses prophètes, s'extériorise dans le monde. Ce que le dogme chrétien énonce spéculativement peut advenir dans la réalité historique.

Le dogme chrétien énonce l'identité de l'homme et de Dieu (tous deux conçus comme esprits), ou ce qu'est Dieu en sa vérité. Dans le judaïsme, Dieu est assurément connu comme esprit, mais ce qu'est l'esprit n'est pas encore connu. La connaissance de Dieu demeure abstraite et indéterminée parce que l'essence de Dieu n'est pas manifeste. L'homme ne sait pas ce qu'est Dieu et, ne sachant pas ce qu'est Dieu, il ne sait pas non plus ce qu'il est lui-même. Ni son essence ni l'essence de Dieu ne lui sont connues, car elles ne sont pas connaissables l'une en dehors de l'autre.

Qu'est-ce que l'esprit? Contrairement à la nature, l'esprit n'est pas seulement en soi, il est en soi et pour soi. Il se réfléchit infiniment en se différenciant infiniment. L'esprit se détermine lui-même dans le mouvement par lequel il se nie lui-même et par lequel il supprime cette négation de lui-même. Aussi, dans son concept, est-il le Dieu unique en trois personnes : en soi, il est Père ; pour soi, il est Fils ; en soi et pour soi, il est Esprit. Dans le langage de la religion, qui est le langage du sentiment, Dieu est amour. Dans le langage de la philosophie, qui est le langage de la raison, Dieu est esprit et Trinité. Mais, si tel est l'esprit dans son concept, il doit pousser la différenciation contenue dans son concept jusqu'à la différenciation du concept lui-même ou jusqu'à la différenciation du concept d'avec lui-même, qui n'est effectuée que dans la réalisation mondaine du concept. L'altérité, saisie dans le concept, est le Fils. L'altérité, saisie dans la réalisation mondaine du concept, est ce que le Père crée par l'intermédiaire de son Fils : premièrement, la nature et, deuxièmement, l'esprit fini qui réfléchit la nature avant de se réfléchir lui-même comme esprit naturel.

Mais Dieu n'est pas connu en sa vérité que ne soit également connue la relation de l'homme à Dieu. L'identité de l'homme et de Dieu n'est pas une identité immédiate. En tant qu'esprit fini, l'homme s'oppose à Dieu, et néanmoins il ne s'oppose à Dieu que parce qu'il est esprit, fait par Dieu semblable à Dieu. Il ne peut donc être un seul esprit avec Dieu qu'en supprimant l'opposition de son esprit à l'esprit de Dieu.

L'élévation de l'homme à Dieu implique la renonciation active de l'homme, sous l'inspiration et sous l'impulsion de Dieu même, à ce qui, dans l'esprit de l'homme, s'oppose à l'esprit de Dieu. L'homme doit mourir à ce qui, en lui-même, s'oppose à la vie de l'esprit comme tel. Il ne vit qu'en mourant à la mort. Le péché et la souffrance du péché sont surmontés quand ils sont reconnus comme nécessaires, comme des moments nécessaires pour que l'homme se dépouille de ce qui, en lui-même, le sépare de la vie de l'esprit et maintient la division.

Ce que le dogme chrétien énonce peut advenir dans le monde, devenir un phénomène – apparaître –, de sorte que l'objet du christianisme sera un objet de la représentation et du sentiment, dans la religion, avant d'être un objet de la raison, dans la philosophie comme théologie spéculative. L'identité de l'homme et de Dieu apparaît, sous la seule forme sensible adéquate au concept, à savoir la forme humaine, dans un homme en qui Dieu s'incarne. Cet homme en qui Dieu s'incarne est Jésus-Christ. L'anthropomorphisme chrétien n'est pourtant pas réductible à l'anthropomorphisme grec. Les dieux grecs ont certes aussi une apparence humaine et une individualité, mais ils sont dépourvus en revanche d'intériorité spirituelle. Ils n'ont précisément de l'homme que l'apparence, l'homme n'ayant de dignité et de gloire, pour les Grecs, que dans la liberté de la belle apparence, dans la sculpture de lui-même. En se faisant homme, le Dieu chrétien se fait chair. Il n'est ni beau, ni serein, ni immortel. Il se charge du péché et de la mort afin de délivrer l'homme du péché et de la mort, même si tous ces maux liés à l'incarnation de Dieu ne sont que transitoires puisqu'ils ne constituent qu'un moment du divin.

L'histoire philosophique

Hegel distingue trois manières d'écrire l'histoire (trois historiographies) : 1) l'histoire originale ; 2) l'histoire réfléchie ; 3) l'histoire philosophique. Ces manières d'écrire l'histoire relèvent, pour la première, de l'intuition, pour la deuxième, de l'entendement, pour la troisième, de la raison. Dans l'histoire originale, l'historien appartient à la réalité historique qu'il ne fait que représenter sans la transcender par la réflexion (Thucydide est le modèle de ce type d'historien). Dans l'histoire réfléchie, l'historien n'appartient plus à la réalité historique qu'il décrit, en l'organisant selon les catégories et les lois de l'entendement. Cette histoire, où domine le travail de la forme, peut prétendre à la scientificité dans la mesure où l'historien se donne un objet délimité, des hypothèses explicatives et une méthode de vérification de ces hypothèses grâce aux documents dont il dispose. L'histoire philosophique a en commun avec l'histoire originale de considérer le passé non comme révolu mais comme actuel, et elle a en commun avec l'histoire réfléchie de négliger ce qui est inessentiel et contingent. Cependant, la nécessité qui intéresse l'histoire philosophique n'est pas la même que la nécessité qui intéresse l'histoire réfléchie. Ce n'est pas la nécessité externe de ce qui est soumis à la loi de la causalité ; c'est la nécessité interne de ce qui est soumis à la logique du concept. L'histoire philosophique montre concrètement comment l'esprit est à l'œuvre dans l'histoire universelle, à travers le destin des peuples.

Or l'accession à cette perspective est d'une grande importance parce que l'histoire philosophique est un tribunal où justice est rendue à ce qui, dans l'histoire universelle, mérite de subsister. Tout n'est donc pas absurde et les individus ne sont pas sacrifiés pour rien. Hegel oppose d'ailleurs le

changement historique au changement naturel. Le renouvellement naturel est sans progrès. Aussi les individus ne peuvent-
ils y trouver leur compte. Le renouvellement historique
contient un progrès. Aussi les individus peuvent-ils y trouver
leur compte. On mesure ici ce qui sépare Schopenhauer et
Hegel. La philosophie de Schopenhauer est une philosophie de
la nature (une nature sans esprit) dans laquelle les individus
ne peuvent se sauver que par l'anéantissement proprement
moderne et chrétien du monde en eux (et non par l'anéantissement oriental d'eux-mêmes en un monde qu'on ne saurait
anéantir)[1]. La philosophie de Hegel est une philosophie de
l'esprit (la nature n'étant que l'auto-négation de l'esprit) dans
laquelle les individus peuvent se sauver non par la négation
mais par l'affirmation du monde en eux, pourvu que l'esprit
individuel se rende conscient de l'esprit qui est à l'œuvre dans
le monde. À partir du moment où on voit dans l'œuvre de
l'esprit une œuvre qu'on peut et qu'on doit s'approprier par la
pensée, on n'est plus le même acteur de l'histoire qu'aupa-
ravant : un acteur désemparé. Ce n'est pas que l'histoire soit
subitement débarrassée du mal moral et du mal physique (il est
donc vain d'objecter Auschwitz à la philosophie hégélienne !).
Mais on s'élève au-dessus de ces maux en s'élevant à la contem-
plation du principe absolu et de la fin absolue qui vouent ces
maux à la caducité. On conquiert alors la certitude (elle-même

---

1. Voir *Le monde comme volonté et comme représentation*, livre IV, § 71,
page finale. Pour Schopenhauer, le mal fondamental est la souffrance attachée à
la volonté universelle telle qu'elle s'objective, pour la représentation humaine,
dans tous les phénomènes de la nature. La culpabilité est, en l'homme, cette
volonté accompagnée de connaissance (livre II, § 28). Comme l'éthique spinoziste, l'éthique schopenhauerienne s'appuie sur la connaissance (non sur un
libre arbitre réputé chimérique) : lorsqu'elle atteint à l'intuition de la volonté
universelle, cette volonté aveugle qui engendre et qui détruit tout ce qui est, la
connaissance devient la seule réalité susceptible de faire basculer dans l'irréa-
lité tout cet univers dont le fond est la volonté.

absolue) que ces maux ne tiendront pas face à la toute-puissance de l'absolu, de cet absolu qu'est l'esprit.

LE PÉCHÉ ORIGINEL

D'après le récit de la Genèse, l'homme pèche en mangeant du fruit de l'arbre de la connaissance du bien et du mal. Le péché consiste donc, selon Hegel, dans la connaissance, ou dans la perte de l'innocence. L'homme d'avant le péché est comme l'animal : il est innocent et son bonheur est le bonheur naturel de l'innocence. Cependant, l'homme n'est pas destiné à demeurer dans l'innocence puisqu'il est esprit. L'animal est un avec Dieu, mais d'une façon immédiate ou seulement en soi. Dans la mesure où l'homme est esprit, il ne peut être un avec Dieu qu'en étant un seul esprit avec Dieu, ce qui implique qu'il rompe l'unité immédiate avec Dieu, qu'il perde l'inno-cence et le bonheur naturel de l'innocence. Hegel présente ainsi le péché comme nécessaire, ce qui ne signifie pas qu'il nie que le péché soit un mal. Pourquoi le péché est-il un mal ? En s'appropriant la connaissance du bien et du mal, l'homme place sa volonté face à l'alternative du bien et du mal. Sa volonté ne peut désormais vouloir le bien sans avoir le pouvoir, formellement, de vouloir également le mal. L'innocence est la bonté naturelle, la volonté voulant le bien sans se savoir capable de vouloir également le mal. La bonté morale ne se confond pas avec la bonté naturelle, mais elle suppose que soit dépassée la neutralité axiologique du libre arbitre comme pouvoir de vouloir indifféremment le bien et le mal. Parce qu'il dissocie la volonté du bien avec lequel elle ne fait qu'un en soi ou dans son essence, le libre arbitre est, en tant que tel, dans la volonté même, le mal. Mais ce mal est nécessaire puisque l'homme est esprit et puisque la volonté humaine ne peut être avec le bien dans une unité naturelle ou dans une unité immédiate. Ce mal est nécessaire et la suppression de ce mal n'est pas moins nécessaire si la volonté doit recouvrer l'unité qu'elle a en soi ou dans son essence avec le bien. L'analyse des *Leçons sur la philosophie de l'histoire* recoupe parfaitement sur ce point l'analyse des *Principes de la philosophie du droit*[1].

Par cette interprétation du récit de la Genèse, Hegel s'inscrit dans le prolongement de la doctrine kantienne des opuscules sur l'histoire concernant le lien entre la raison humaine, la liberté et le mal, quoiqu'en rejetant la dimension téléologique de la doctrine kantienne. Dans l'*Idée d'une histoire universelle au point de vue cosmopolitique*[2], Kant affirme que l'homme, comme être doué de raison, n'est pas fait pour mener l'existence innocente, oisive et paisible, de l'animal. L'être doué de raison est l'être qui se donne à lui-même ses fins, l'être qui reçoit de la nature le double privilège de la technique et de la moralité. Dans les *Conjectures sur les débuts de l'histoire humaine*, Kant fait de la raison la cause réelle du reniement de l'instinct (conçu à la manière rousseau-iste comme voix de Dieu), quelle qu'ait pu être la cause occasionnelle de ce reniement, de sorte qu'il n'est nullement besoin de prêter une valeur historique au mythe biblique. D'où la formule[3] : « L'histoire de la *nature* commence [...] par le Bien, car elle est *l'œuvre de Dieu* ; l'histoire de la *liberté* commence par le Mal, car elle est *l'œuvre de l'homme* ». Le péché originel est nécessaire compte tenu de la nature de l'homme, ce qui n'empêche pas que l'homme n'en soit pleine-

---

1. Voir *Principes de la philosophie du droit*, 2e partie, 3e section, § 139, remarque.

2. Voir *Idée d'une histoire universelle au point de vue cosmopolitique*, propositions 3 et 4.

3. Voir *Conjectures sur les débuts de l'histoire humaine*, Remarque.

ment responsable. Kant répète en effet que le péché originel tel qu'il le comprend, comme mal radical imputable au libre arbitre, n'est pas assimilable au péché héréditaire des théologiens augustiniens. Kant et Hegel pensent tous deux l'état adamique comme un état de nature ou comme un état dans lequel l'homme, qui est esprit, est encore semblable à l'animal dénué d'esprit, bref comme un état imparfait. Pour les deux auteurs, le péché est donc nécessaire, mais il n'est pas nécessaire de la même nécessité. Pour Kant, le péché est nécessaire en vertu d'une téléologie naturelle qui renvoie à la volonté de Dieu : Dieu crée un être appelé à instituer, en compagnie de tous les autres êtres raisonnables, un «règne des fins». Pour Hegel, le péché est nécessaire en vertu d'un processus logique qui renvoie non à la volonté de Dieu mais à l'essence de Dieu : Dieu ne peut pas ne pas créer un être reproduisant au sein de la création le mouvement d'aliénation et de désaliénation qui définit la vie de l'esprit comme absolu.

Reste à se demander si ces lectures philosophiques du récit de la Genèse sont tout à fait conformes à l'intention des prophètes. Peut-on dire que l'état adamique est un état imparfait et, si on peut le dire, puisque saint Paul fait du péché originel la condition de l'Incarnation, en quel sens exact peut-on le dire? Le récit de la Genèse suggère que l'homme innocent n'est pas comparable à l'animal innocent. L'animal, qui n'a pas été créé esprit à l'image de Dieu qui est esprit, n'a pas à répondre à l'amour de Dieu, à se joindre de volonté à la volonté de Dieu. L'animal est d'emblée ce qu'il doit être. L'homme n'est pas d'emblée ce qu'il doit être parce que Dieu, qui est amour, veut être aimé de celui qu'il aime et veut que l'homme veuille avec lui ce qu'il veut. C'est ce que prouve l'interdiction destinée à détourner l'homme du péché. L'homme aurait été parfait s'il avait pris occasion de l'interdiction pour s'unir en toute confiance à Dieu. Il aurait été parfait non, comme l'animal, dans son être même, mais dans sa confiance et dans son obéissance. Ainsi, il aurait certes toujours été prêt à tomber dans la défiance et dans la désobéissance, mais il aurait toujours réussi à conjurer cette tentation. On ne peut donc pas dire que l'état adamique soit un état imparfait. Faillible par sa nature, qui est non seulement celle d'un être relatif et d'un être créé, mais encore celle d'un être créé à l'image de Dieu (et pouvant tomber dans la présomption du fait même de la gloire promise dans sa création), l'homme aurait pu néanmoins ne faillir jamais en usant bien de son libre arbitre, comme faculté de se joindre de volonté à la volonté de son créateur. Et pourtant, on peut dire que l'état adamique comporte une imperfection, dans la mesure où l'homme y peut toujours faillir par le mauvais usage de son libre arbitre. L'homme qui n'est pas encore tombé dans la défiance et dans la désobéissance demeure exposé à la tentation de la défiance et de la désobéissance. Sa perfection est fragile. L'homme qui est tombé dans la défiance et dans la désobéissance obtient la grâce, tant qu'il se tient dans la foi en Jésus-Christ et dans la vie de la foi en Jésus-Christ, de ne plus pouvoir tomber dans la défiance et dans la désobéissance. Il peut défaillir de la foi mais ne peut défaillir dans la foi. L'homme innocent peut ne pas pécher; l'homme sous la grâce ne peut plus pécher. L'homme innocent possède la faculté de se joindre de volonté à la volonté de Dieu; l'homme sous la grâce, ayant perdu dans le péché l'usage de cette faculté, obtient dans la grâce la volonté même de se joindre à la volonté de Dieu, ou la guérison de son libre arbitre. C'est ce que saint Augustin indique en distinguant deux grâces [1] : 1) la grâce (suffisante) accordée à Adam afin qu'il pût accomplir la loi de Dieu s'il le voulait; 2) la grâce (efficace) accordée à l'homme pécheur non seulement afin qu'il puisse

---

1. Voir *De correptione et gratia*, XI, 31.

accomplir la loi de Dieu s'il le veut, mais encore afin qu'il puisse le vouloir. La conclusion qui s'impose est, d'un strict point de vue théologique, que l'état de l'homme sous la grâce est d'une perfection supérieure à la perfection de l'état de l'homme innocent, sans que cela revienne à prétendre, avec Kant et Hegel, que l'état adamique est un état imparfait dans lequel l'homme, qui est esprit, est semblable à l'animal dénué d'esprit, de sorte qu'un tel état est intenable.

LE JUDAÏSME

Hegel traite du rôle historique du judaïsme en deux endroits, le peuple juif étant, d'une part, le peuple de la loi mosaïque et, d'autre part, le peuple de l'attente messianique.

Le judaïsme est examiné d'abord dans sa connexion avec l'orient et, plus particulièrement, avec l'empire perse[1]. On assiste, au sein du monde oriental, à une spiritualisation progressive du principe naturel, celui-ci étant unifié en Inde (avec Brahma), purifié en Perse (avec Ormuzd ou Ahura-Mazda), et enfin rabaissé en Judée (avec Jéhovah). Le principe spirituel devient pour les Juifs le principe fondamental. Dieu est esprit, créateur de la nature et des esprits finis, par conséquent esprit en un sens exclusif et abstrait. Dieu est le seul esprit pur. À l'exclusivité de Dieu correspond l'exclusivité du peuple juif lui-même comme peuple élu au service de ce Dieu. Le Dieu juif est initialement un Dieu national.

L'aspect positif de la religion juive est que Dieu est reconnu comme esprit. L'aspect négatif de la religion juive est que ce qu'est l'esprit n'est pas encore connu, de sorte que la relation de l'homme à Dieu n'est pas non plus encore connue

---

1. Voir *Leçons sur la philosophie de l'histoire*, 1re partie, 3e section, chapitre III : « La Judée ».

dans sa vérité. L'accent est mis sur la sublimité de Dieu, sur la disproportion de l'infini par rapport au fini. La contrepartie de l'élévation de Dieu est l'abaissement de tout ce qui n'est pas lui. Ni la nature ni les esprits finis n'ont plus rien de divin. Le judaïsme se caractérise par la proscription de l'idolâtrie qui ouvre la loi mosaïque.

En ce qui concerne la loi mosaïque, Hegel insiste, là encore, sur son ambivalence. Il opère un rapprochement significatif entre le sujet de la loi mosaïque et le sujet du droit romain : le fondement de la loi mosaïque et du droit romain est la liberté pure en tant qu'abstraite. Parce que Dieu n'est pas conçu comme esprit concret, la relation de l'homme à Dieu est marquée par la servitude. La loi mosaïque postule la liberté mais elle ne rend pas libre. Hegel rejoint ici saint Paul pour qui la loi mosaïque apporte la connaissance du péché sans apporter la délivrance du péché, de sorte qu'on peut parler d'une malédiction de la loi mosaïque. Tel est le malheur spécifique du monde juif, ou son destin. Le monde juif n'ignore pas la sublimité de Dieu mais il ignore la liberté subjective. Par là s'explique qu'il s'arrête à la valeur substantielle de la famille et de la nation, l'État requérant quant à lui la liberté subjective, et qu'il dénie aux individus cette ultime valeur que leur confère la croyance chrétienne en l'immortalité de l'âme.

Le judaïsme est examiné ensuite dans sa connexion avec le christianisme et, par ce biais, avec Rome[1]. Hegel ne mentionne pas l'attente messianique au moment où il évoque la loi mosaïque. Comme beaucoup d'auteurs chrétiens, il clive le judaïsme, une partie du judaïsme appartenant déjà au christianisme. Car, au-delà du malheur spécifique du peuple juif, ou de son destin, Hegel décèle un malheur plus fondamental, le malheur du genre humain, malheur dont le peuple juif est le

---

1. Voir *Leçons sur la philosophie de l'histoire*, 3e partie, 3e section, chapitre II : « Le christianisme ».

dépositaire dès lors qu'il introduit dans l'histoire universelle l'idée du vrai Dieu, quoique Dieu ne soit pas encore connu par lui en sa vérité. L'attente messianique est antérieure à la loi mosaïque, contemporaine du péché originel.

Le péché originel est assurément un mal, mais un mal gros d'un bien à venir. L'homme pèche parce qu'il est esprit et, parce qu'il est esprit, il ne peut demeurer dans l'opposition à l'esprit. Hegel cite deux phrases de la Genèse qui annoncent la réconciliation : « On écrasera la tête du serpent »[1] et « Voici qu'Adam est devenu comme l'un de nous, sachant le bien et le mal »[2]. Cette dernière parole est évidemment ironique dans la Bible : Dieu se moque d'Adam qui, ayant voulu se faire Dieu plutôt que d'être uni à Dieu par sa confiance et par son obéissance, devient dans son indépendance une caricature de Dieu. Hegel estime qu'on peut et qu'on doit entendre un message qui dépasse l'ironie. Car, en se différenciant de l'animal et en se posant comme esprit, l'homme devient effectivement capable de Dieu. Il y a donc une vérité dans les paroles séductrices du serpent : en mangeant du fruit de l'arbre de la connaissance du bien et du mal, l'homme sort de la condition animale et se fait ce qu'il est, se fait esprit, mais, en tant qu'esprit fini, il n'est encore que comme Dieu, il ne s'élève pas encore à la condition divine réservée à tout esprit. C'est pourquoi la réconciliation existe seulement en soi ou pour Dieu, mais non pour soi ou pour l'homme en proie à la contradiction de l'esprit fini. Il faut que ce qui existe en soi ou pour Dieu parvienne à exister également pour soi ou pour l'homme.

Or Hegel considère que, si le peuple juif est dépositaire de la promesse contenue dans la Genèse, ce n'est pourtant que dans le christianisme que la promesse est réalisée. Il faut donc montrer comment s'effectue le passage, nécessaire en soi, du

1. Genèse, III, 15.
2. Genèse, III, 22.

judaïsme au christianisme. Le christianisme ne peut relayer le judaïsme tant que la souffrance du péché n'est éprouvée que par les prophètes, tandis que le peuple juif se satisfait d'une réconciliation relative et finie qu'il cherche, après l'alliance conclue avec Abraham, dans une observation scrupuleuse de la loi mosaïque, sans appréhender le sens prophétique de la loi mosaïque elle-même. Cette réconciliation relative et finie, inhérente au particularisme juif, ne trouve son terme qu'avec la remise en cause de l'individualité même du peuple juif. Celui-ci a pu être déporté à Babylone, puis opprimé par les Syriens, sans que soit remise en cause son individualité même. Il y a en effet une grande différence, soulignée par Hegel, entre l'empire perse et l'empire romain : l'empire perse préserve l'individualité des peuples conquis (comme la lumière, qui en est le principe, préserve l'individualité des objets qu'elle éclaire), alors que l'empire romain renverse l'individualité des peuples conquis qu'il soumet à la domination universelle de la généralité abstraite. Tel est le malheur spécifique du monde romain, ou son destin. Rome lamine les différences, étouffe le concret. D'un côté, la liberté est posée abstraitement ; mais, de l'autre côté, c'est la subjectivité particulière d'un despote qui s'amplifie jusqu'à l'infini, jusqu'à la domination impériale comme domination universelle. Or, si Rome achève le judaïsme en privant le peuple juif de son individualité, inversement, le judaïsme, purgé de tout particularisme dans le christianisme, achève l'empire romain, en faisant du malheur romain un malheur nécessaire, lié au retour de l'esprit en lui-même. Rome ne sait pas la nécessité de son malheur. Il est pour elle une fatalité. Mais, grâce au christianisme, la nécessité de son malheur est sue. Et un tel savoir n'a plus rien de comparable avec les tentatives proprement romaines d'échapper au malheur du monde romain que constituent le stoïcisme, l'épicurisme et le scepticisme, dont le fond commun est, selon

Hegel, l'indifférence à l'égard de la réalité et la souveraineté vide de la pensée.

Le christianisme

Dans le christianisme, Hegel distingue la dogmatique chrétienne et l'événement christique. Historiquement, c'est l'événement christique qui est premier, la dogmatique chrétienne n'étant élaborée et développée qu'après la mort de Jésus-Christ, au sein de l'Église. Logiquement, c'est la dogmatique chrétienne qui est première, l'événement christique ne devenant nécessaire que parce que les temps sont mûrs pour qu'il puisse survenir effectivement dans l'histoire.

Hegel manifeste d'abord le caractère logique de la dogmatique chrétienne, tout entière fondée sur la connaissance de la nature de Dieu comme esprit. Dieu n'est pas unique sans être le Dieu unique en trois personnes, la nature de l'esprit impliquant que l'être ne coïncide pas immédiatement avec l'essence, que l'être soit l'être effectif ou l'être vrai de ce qui se fait être conformément à son essence. C'est pourquoi le dogme fondamental est celui de la Trinité : Dieu est Père, Fils et Esprit. Mais Dieu n'est pas le Dieu unique en trois personnes sans être créateur. Contrairement à la substance naturelle qui produit en elle-même des différences qu'elle résorbe en elle-même, la substance spirituelle est créatrice. Elle libère hors d'elle-même un monde dans lequel l'esprit est à l'œuvre. Dieu crée une nature gouvernée par la raison et des hommes non seulement capables de dégager la rationalité de la nature, mais encore capables de créer eux-mêmes un monde, le monde humain, gouverné par la raison. L'esprit ne se perd donc pas, quoiqu'il s'expose à une extériorité radicale. En confrontant le christianisme, d'une part, avec le monisme du panthéisme indien et, d'autre part, avec le dualisme du mazdéisme perse, Hegel montre comment celui-là accorde ce qu'il y a de vrai en ceux-ci. L'unité du Dieu chrétien est une unité dialectique, non une unité naturelle. Cette unité est identité de l'identité et de la différence. Mais, par là même, la différence n'est pas l'opposition de deux principes restant extérieurs l'un à l'autre.

Hegel vérifie ensuite dans l'événement christique ce caractère logique de la dogmatique chrétienne. La critique historique fait l'objet d'une appréciation sévère. On ne connaît pas Jésus-Christ et sa doctrine en prétendant remonter, en deçà de l'écran interposé par la dogmatique chrétienne, aux faits eux-mêmes. Au contraire, on ne connaît Jésus-Christ et sa doctrine qu'en retrouvant dans les faits la confirmation du sens spéculatif de la dogmatique chrétienne. Il faut que Dieu s'incarne dans un homme doué d'une intériorité spirituelle, un homme qui naît, un homme qui souffre, un homme qui meurt, un homme qui ressuscite, un homme qui accède à la gloire de Dieu et qui introduit dans la gloire de Dieu tous les hommes qui auront foi en lui et qui vivront de leur foi en lui. La morale chrétienne est elle-même spéculative. Tout homme étant pécheur a, dans la foi en Jésus-Christ, à se mortifier. Il n'y a là aucun dolorisme. La mortification est une renonciation active (et non un renoncement passif) : la renonciation, par la puissance de l'esprit de Dieu, à tout ce qui, dans l'esprit de l'homme, s'oppose à l'esprit de Dieu. Elle est donc une divinisation de l'homme. L'homme ne se fait pas Dieu par lui-même. Par lui-même il ne se fait que comme Dieu. C'est le péché. Il ne se fait vraiment Dieu qu'en surmontant le péché qu'il ne surmonte qu'en Dieu, que par son retour à Dieu. C'est la réconciliation. En confrontant maintenant le christianisme avec la religion grecque, Hegel montre comment l'anthropomorphisme, qui leur est commun, n'a pas la même portée dans l'un et dans l'autre. Les Grecs ont représenté dans leurs dieux la perfection de l'homme telle qu'ils pouvaient la comprendre, comme libre épanouissement de soi dans l'harmonie d'une belle forme. Le Dieu chrétien est aussi le modèle de l'homme, mais la perfection de l'homme consiste dans la suppression de l'opposition à Dieu résultant de la spiritualité même de l'homme. La divinisation de l'homme ne s'accomplit pas sans souffrance, sans la souffrance du péché et sans la souffrance de la mortification. Le christianisme valorise le négatif parce que le négatif n'est pas purement et simplement négatif, comme ce qui nie la nature, mais également affirmatif, négation de la négation ou « négativité », l'esprit ne se faisant esprit qu'en niant tout ce qui, dans l'esprit, s'oppose à l'esprit.

Le christianisme approfondit la perception du mal, dans sa double dimension physique et morale. La souffrance et le péché ne se rapportent plus, comme chez les Grecs, à l'esprit dont l'âme est unie au corps et qui est sujet aux passions. La souffrance et le péché se rapportent désormais à l'esprit dont l'âme est assujettie au corps et qui est mû par la concupiscence : par la sensualité, par la curiosité, par l'orgueil.

L'APPROFONDISSEMENT DU MAL

Non seulement Hegel ne cherche pas à atténuer le mal, mais encore il explique pourquoi le mal est perçu d'une manière de plus en plus profonde au fur et à mesure que l'homme prend davantage conscience de ce qu'il est. En un sens, cette prise de conscience culmine avec l'avènement du christianisme. En un autre sens, cette prise de conscience est un processus ouvert qui se poursuit avec le cours de l'histoire. Hegel note en effet qu'il y a loin de la position abstraite d'un principe, en l'occurrence du principe chrétien, à sa réalisation concrète, pleinement déterminée, dans le monde. Les progrès récents en matière de droit témoignent de la continuation d'un processus amorcé avec l'adoption du christianisme par Constantin. Plus l'esprit se sait esprit d'une manière différenciée, plus il est susceptible de souffrir et de pécher. Mais, plus il est susceptible de souffrir et de pécher, plus il est susceptible de surmonter ces maux dans la pensée de leur caducité. Il n'y a pas lieu de se lamenter que l'homme devienne conjointement plus vulnérable et plus méchant, à moins qu'on ne regrette qu'il ne soit pas semblable à l'animal. Le salut n'est pas dans la nostalgie d'un âge d'or mythique où l'homme, tel un berger d'Arcadie, serait à l'image de ses brebis. Le salut n'est pas non plus, symétriquement, dans l'utopie d'un avenir radieux débarrassé de tous les maux, ou même simplement meilleur que le présent. Le salut est dans ce que Hegel nomme « la véritable théodicée », à savoir dans l'appréhension, par l'esprit humain, de l'éternité de l'esprit à travers son historicité. La seule chose qui puisse réconcilier les individus avec la réalité historique est la certitude que ce qui est arrivé et ce qui arrive non seulement ne se fait pas sans Dieu, mais encore est essentiellement l'œuvre de Dieu. Ce qui, dans l'histoire, est effectif, est l'œuvre de Dieu.

L'enseignement du christianisme est que ce qui est arrivé et ce qui arrive ne se fait pas sans Dieu, surtout si on se réfère à Jésus-Christ lui-même, qui déclare que son royaume n'est pas de ce monde. Rien de ce qui arrive ne se fait sans Dieu, car c'est Dieu qui, jusqu'à la fin du monde, livre le monde au prince de ce monde, mais il ne s'ensuit pas que tout ce qui arrive soit l'œuvre de Dieu. D'ailleurs, ce n'est pas ce que soutient Hegel, qui soutient que seul ce qui est effectif et durable est l'œuvre de Dieu. Ce n'est pas non plus ce que soutient la dogmatique chrétienne, qui soutient que seule l'édification de l'Église est l'œuvre de Dieu. Cette dernière thèse relève de la foi, alors que la thèse hégélienne relève de la connaissance spéculative.

Hegel se réclame donc du christianisme, tout en reconnaissant que le discours de la philosophie ne se confond pas avec le discours de la religion et que, à l'intérieur même du discours de la religion, le discours de la dogmatique chrétienne ne se confond pas avec le discours de Jésus-Christ. Le mépris christique du monde n'était valable qu'à l'origine du christianisme, au moment de la position du principe chrétien dans son abstraction. Ce mépris n'est plus valable, en revanche, quand le principe chrétien se réalise dans le monde et devient concret. Dans la dogmatique chrétienne, le mépris du monde est déjà dépassé, puisque l'édification de l'Église est, dans l'histoire, l'œuvre de Dieu. Dans la connaissance spéculative qui affranchit le contenu de la foi de la forme de la foi encore inadéquate à ce contenu, le mépris du monde se mue en approbation du monde, puisque tout ce qui subsiste, dans l'histoire, à titre de moment nécessaire, est l'œuvre de Dieu. Hegel lui-même avoue qu'il faut distinguer l'appréhension de l'éternité de l'esprit par la foi et l'appréhension de l'éternité de l'esprit par la connaissance spéculative, celle-ci étant censée « relever » néanmoins celle-là (« relever » n'est pas supprimer, mais relativiser).

Le monde occidental moderne est un monde façonné par les valeurs chrétiennes, c'est un monde chrétien. Cette idée de Hegel sera reprise par Marx et par Kierkegaard. Marx se plaint de l'abstraction rémanente d'une liberté politique qui non seulement n'exclut pas la servitude économique, mais encore lui sert de caution. Kierkegaard se plaint de l'abstraction rémanente d'un christianisme mondain, le christianisme étant si bien réalisé dans le monde que le chrétien n'a plus à mourir au monde. Reste à devenir soi-même chrétien dans un monde devenu chrétien, car il se pourrait, paradoxalement, que la chrétienté ne comptât pas un seul vrai chrétien, mais qu'elle ne comptât que des païens persuadés, à cause de l'histoire de la culture, de leur supériorité sur les païens, sans voir qu'il est aussi difficile de devenir chrétien, ou de se convertir, aujourd'hui que naguère. Kierkegaard objecte opportunément à Hegel que l'histoire de la culture est la condition sans laquelle on ne peut devenir chrétien, mais qu'elle n'est pas la condition par laquelle on peut devenir chrétien[1]. Ce faisant, Kierkegaard ouvre la voie d'un retour à saint Paul, enrichi et non pas appauvri par le détour hégélien.

---

1. C'est pourquoi la critique kierkegaardienne de Hegel n'est jamais unilatérale. Kierkegaard s'appuie constamment sur les analyses hégéliennes de l'histoire de la culture. Par exemple, si l'homme est pour Kierkegaard une synthèse d'âme et de corps portée par l'esprit, l'auto-position de l'esprit hors de la puissance qui l'a posé entraîne un assujettissement de l'âme au corps irréductible à l'union de l'âme au corps, de sorte qu'avec le péché originel le christianisme culpabilise la sensualité, là où les Grecs ne connaissaient encore qu'une sensualité innocente dont seuls les excès étaient blâmables.

TEXTE 2

SAINT PAUL
Épître aux Romains, chapitre VII, versets 7-25 [1]

(7) Que dirons-nous donc? Que la loi est péché? Assurément non! Mais je n'ai connu le péché que par la loi, car je n'aurais pas eu connaissance de la convoitise si la loi n'avait dit: *Tu ne convoiteras pas.* (8) Saisissant l'occasion, le péché a par le commandement produit en moi toutes sortes de convoitises. Car, sans loi, le péché est mort. (9) C'est moi qui vivais, sans loi, autrefois. À l'apparition du commandement, le péché est revenu à la vie, (10) c'est moi qui suis mort, et il m'est arrivé ceci, qu'un commandement qui était pour la vie a été pour la mort. (11) Car le péché, saisissant l'occasion, par le commandement m'a séduit et par lui m'a fait mourir. (12) Ainsi, la loi est sainte, et le commandement saint, juste et bon.

(13) Ce qui est bon m'a-t-il donc procuré la mort? Assurément non! Mais le péché, afin qu'il fût manifesté comme

---

1. Traduction H. Bouchilloux, à partir de *The Greek New Testament*, United Bible Societies, 1975.

péché, m'a par ce qui est bon donné la mort. Hyperbolique-
ment pécheur, il fallait que le péché le devînt par le commandement. (14) Nous savons en effet que la loi est spirituelle ;
mais moi je suis charnel, vendu au péché. (15) Car, ce que je
fais, je ne le reconnais pas. Ce que je veux, je ne le fais pas
[je ne suis pas enclin à le pratiquer], mais ce que je déteste, je
le fais [je suis enclin à le réaliser]. (16) Or, si je fais [si je suis
enclin à réaliser] ce que je ne veux pas, j'accorde à la loi
qu'elle est bonne. (17) Ce n'est donc pas moi qui fais ainsi,
mais le péché qui habite en moi. (18) Je sais en effet que
n'habite pas en moi, c'est-à-dire dans ma chair, le bien. Car
le vouloir est à ma portée, l'accomplir dans sa perfection ne
l'est pas. (19) Je ne fais pas [je ne suis pas enclin à réaliser] le
bien que je veux, mais je fais [je suis enclin à pratiquer] le mal
que je ne veux pas. (20) Or, si je fais [si je suis enclin à réaliser]
ce que je ne veux pas, ce n'est pas moi qui fais ainsi, mais le
péché qui habite en moi. (21) Je découvre alors cette loi, en
moi qui veux faire [réaliser] le bien dans sa perfection, que
c'est le mal qui est à ma portée. (22) Car, moi qui me complais
à la loi de Dieu en tant qu'homme intérieur, (23) je vois une
autre loi dans mes membres combattre la loi de mon intelligence et me faire prisonnier de la loi du péché qui est dans
mes membres. (24) Quel homme misérable je suis ! Qui me
délivrera du corps de cette mort ? (25) Grâce à Dieu par Jésus-
Christ notre Seigneur ! Me voilà donc ainsi assujetti, par
l'intelligence, à la loi de Dieu et, par la chair, à la loi du péché.

COMMENTAIRE

L'Épître aux Romains est une lettre adressée par saint Paul à la communauté chrétienne de Rome qu'il compte visiter prochainement[1]. Il a proclamé l'Évangile « depuis Jérusalem, en rayonnant jusqu'à l'Illyrie »[2] et espère donc quitter ces régions pour aller en Espagne en transitant par Rome[3]. En attendant, il doit déposer à Jérusalem le produit d'une collecte émanant de la Macédoine et de l'Achaïe[4] et recommande une sœur au service de la communauté de Cenchrées, port de Corinthe, qui doit le précéder à Rome[5]. Rapprochés du récit consigné dans les Actes des apôtres concernant les séjours de saint Paul à Corinthe, puis à Éphèse, d'où sort sa décision « de se rendre à Jérusalem en passant par la Macédoine et l'Achaïe » avant de partir pour Rome[6], les indices contenus dans l'Épître aux Romains permettent de situer assez bien le contexte de sa rédaction. Saint Paul l'a vraisemblablement

1. Romains, I, 10-13.
2. Romains, XV, 19.
3. Romains, XV, 23-24.
4. Romains, XV, 25-28.
5. Romains, XVI, 1-2.
6. Actes, XIX, 21.

écrite au moment où il s'apprêtait à s'embarquer pour la Syrie
– non sans revenir de Grèce en Macédoine et de Macédoine en
Asie, descendant alors par Troas, Assos, Mitylène, Chio,
Samos et Milet d'où il reprit une dernière fois contact avec la
communauté d'Éphèse[1] –, soit, au cours de l'hiver 57-58 ou,
en tout cas, entre 56 (au plus tôt) et 59 (au plus tard).

Hegel distingue quatre moments dans l'histoire universelle (le moment oriental ; le moment grec ; le moment romain ;
le moment germanique). Ces quatre moments correspondent
aux étapes d'une prise de conscience de l'esprit par lui-même à
travers le destin des peuples, le judaïsme et le christianisme
jouant un rôle essentiel dans l'accession au dernier moment, le
moment germanique. Saint Paul distingue, quant à lui, trois
états communément nommés par les théologiens « état de la
nature », « état de la loi », « état de la grâce » (ou encore, « l'état
des païens » sans la loi, « l'état des juifs » sous la loi, « l'état
des chrétiens » au-dessus de la loi). Ces trois états correspondent moins à des étapes dans l'histoire universelle qu'à des
étapes dans l'histoire spirituelle de tout homme.

PARAPHRASE

La loi serait-elle péché si la foi en Jésus-Christ nous
affranchit de la loi[2] ?

Assurément non. Mais je n'ai connu le péché que par la loi.

Selon Romains, III, 20, la loi ne donne que la connaissance
du péché sans supprimer pour autant le péché, de sorte que
personne ne sera justifié par les œuvres de la loi.

1. Actes, XX, 1-6, puis 13-17.
2. Romains, VII, 1-6.

Ainsi, j'aurais ignoré la convoitise, qui était là mais que je ne connaissais pas, si la loi n'avait dit : « Tu ne convoiteras pas. »

La loi n'est pas péché ; elle n'est que l'occasion, pour le péché, qui était déjà là quoiqu'il fût ignoré, de se savoir péché et de devenir pécheur.

Ce n'est pas la loi qui est mauvaise, car elle n'est une occasion que pour le péché : une occasion de se savoir péché et de devenir pécheur.

Le commandement « Tu ne convoiteras pas » est l'occasion, pour la convoitise, de se savoir péché. La convoitise n'est pas seulement un mal, elle est une transgression de la volonté de Dieu qui ne veut pas que, pour sa mort, l'homme veuille le mal.

Le commandement « Tu ne convoiteras pas » est en outre l'occasion, pour la convoitise qui se sait péché, de devenir, dans le cœur contraire à la volonté de Dieu, source de toute convoitise. La convoitise, qui n'est pas seulement un mal, n'est pas cantonnée dans telle ou telle action ; la convoitise, qui est aussi un péché, est fichée dans le cœur, d'où elle contamine toutes les actions.

Cela vaudrait pour n'importe quel autre commandement de la loi.

C'est le cœur qui s'avère impie, idolâtre, glorieux, ingrat, homicide, adultère, injuste, menteur, envieux et plein de convoitise, quand la loi énonce simplement : toi qui veux vivre, tu n'auras qu'un Dieu, le vrai Dieu ; ce Dieu, tu l'adoreras en vérité ; tu ne te glorifieras pas de tes œuvres, mais tu te reposeras de tes œuvres en Dieu ; tu auras de la gratitude envers ceux à qui tu dois d'être ce que tu es ; tu ne tueras pas ; tu ne commettras pas l'adultère ; tu rendras à chacun ce qui lui est dû ; tu ne seras pas médisant ; tu n'envieras pas ton prochain ; tu ne convoiteras pas le bien de ton prochain.

Sans la loi, le péché est mort.

Que signifie qu'il est mort ?

Deux choses : 1) il n'existe pas pour moi en tant que péché ; 2) il n'a pas pris vie dans le cœur, il n'est pas devenu pécheur dans le cœur.

Ainsi, jadis, en l'absence de loi (ou quand, en dépit de la promulgation de la loi, j'étais à moi-même, comme un païen, ma propre loi), je vivais parce que le péché était mort.

Mais, maintenant, en présence de la loi, confronté au commandement, je meurs parce que le péché n'est plus mort. C'est lui qui, par le moyen de la loi et du commandement, me fait mourir.

En l'absence de loi, je vivais, mais ce n'était qu'une illusion puisque je ne vivais que parce que le péché était mort (c'est-à-dire qu'il n'était encore ni péché ni pécheur). La loi me délivre donc d'une illusion, sinon du péché. Elle ne me fait pas seulement connaître le péché, elle me fait aussi connaître la puissance du péché. Elle m'enseigne que ma vie passée était une mort et me fait mourir à cette mort.

En ce sens, la loi me fait vivre, mais elle me fait mourir parce que le péché n'est plus mort.

Le commandement adressé à celui qui veut vivre, afin qu'il vive, se trouve mener à la mort celui qui vit dans le péché. La loi, qui devait me donner la vie, m'a occasionnellement donné la mort.

La loi devait me donner la vie, car la loi ne me prescrit que ce qui me fait vivre et ne m'interdit que ce qui me fait mourir, comme l'indique Deutéronome, XXX. Si j'accomplissais la loi, je vivrais.

Cette loi, dont le contenu est conforme à ce qu'exige ma nature, me donne pourtant, de par sa forme, la mort, parce que le péché se sert de la loi qui le dénonce pour se rendre désirable. Je m'imagine que ce qui m'est interdit m'est bon et que ce qui m'est prescrit m'est mauvais, à l'instar du premier couple séduit par le diable. En faisant du mal que je commets un péché et de moi qui commets le mal un pécheur, la loi me fait endosser la transgression d'Adam.

Il est donc clair que ce n'est pas la loi elle-même qui me fait mourir, mais le péché au moyen de la loi, car, d'une part, le péché, qui était mort, n'est plus mort, et, d'autre part, le péché, qui est détestable, se rend désirable.

Au contraire, la loi elle-même est sainte, et le commandement de la loi, saint, juste et bon.

Il fallait qu'il y eût cette contradiction, que la loi fût non pas cause, à proprement parler, de ma mort, mais occasion, à proprement parler, de ma mort, pour que le péché fût mis en accusation et pour que la puissance du péché fût manifestée.

La loi est spirituelle, elle qui devait me faire vivre et elle qui me fait mourir à la mort qu'était ma vie sans la loi ; c'est moi qui suis charnel, c'est moi qui suis esclave du péché.

Que je sois pécheur, la preuve en est que, depuis que je suis sous la grâce, mon intelligence renie ce que je désire faire. Ce que je veux (sous la grâce) n'est pas ce que je désire faire (par nature) et ce que je désire faire (par nature) est ce que je ne veux pas (sous la grâce). Or, si je désire faire ce que je ne veux pas, je désavoue ce que je désire faire et j'avoue que la loi est bonne. Ma volonté est d'accord avec la loi et se heurte à une autre loi en moi. Ce n'est plus moi, moi qui veux le bien, qui agis quand je désire faire le mal, mais le péché qui habite en moi.

Je sais que je suis pécheur et que le bien n'habite pas en l'homme charnel que je suis, du seul fait que vouloir le bien est à ma portée, mais non pas l'accomplir : vouloir le bien est à la portée de l'homme spirituel que je suis et, néanmoins, ce qui est à la portée de l'homme charnel que je suis, c'est de désirer faire le mal, de sorte que, malgré ma volonté du bien et mes bonnes actions, manque l'accomplissement. Seule la foi, comptée par Dieu comme justice, supplée au défaut des œuvres[1]. Car la grâce me fait vouloir et faire le bien, mais sans venir à bout de l'inclination au mal qui est en moi par nature. Même si je ne consens plus au péché et même si j'en suis délivré parce que je n'y consens plus, il n'en reste pas moins que celui-ci habite encore en moi et que je n'en suis pas encore délivré parce qu'il habite encore en moi.

Le péché est un aiguillon dans ma chair, ma faiblesse propre qui relève la puissance de Dieu, selon 2 Corinthiens, XII, 7-9.

Dieu ne me compte plus ce péché comme un péché; au contraire, Dieu me justifie en dépit du péché qui habite en moi, premièrement, à cause de ma foi en lui, et, deuxièmement, à cause de mes œuvres, s'il est vrai que, sous la grâce, j'acquiers la puissance de faire du mal un bien.

Le bien que je veux, je ne désire pas le faire; le mal que je ne veux pas, je désire le faire, et alors ce n'est plus moi qui agis, mais le péché qui habite en moi.

De même que la loi fait paraître le péché, la grâce fait paraître la loi du péché, à savoir que, par nature, je désire faire le mal. Par nature, c'est le mal qui est à ma portée, et non de vouloir le bien. Certes, maintenant, je ne veux plus le mal, puisque la grâce me porte à vouloir et à faire le bien, mais je désire encore faire le mal.

Deux lois se combattent donc en moi : 1) la loi de Dieu dont je me délecte et que ratifie mon intelligence; 2) la loi du péché dont je m'afflige et que désavoue mon intelligence. La loi du péché n'est plus la loi de ma volonté, car c'est la loi de Dieu qui est désormais la loi de ma volonté. La loi du péché est la loi de

---

1. Romains, IV, 3-5.

celui qui gémit de désirer encore faire le mal quoiqu'il veuille désormais le bien.

Ainsi, en tant qu'homme intérieur, dans ma volonté et mon intelligence, je veux le bien. Mais, en tant que chair, dans l'assujettissement à mon corps corruptible et mortel, je désire faire le mal.

Je serai déchiré tant que je vivrai dans ce corps non glorieux qui est le corps d'Adam et des fils d'Adam. Le déchirement que j'endure ne cessera qu'à la résurrection des morts, quand tous les corps corruptibles et mortels seront transformés en des corps glorieux, incorruptibles et immortels, à l'image du corps de Jésus-Christ ressuscité[1].

Qui me délivrera de ce corps d'Adam et des fils d'Adam? Nul autre, selon Romains, VIII, 1-11, que Jésus-Christ – lui qui, en s'incarnant, a pris la chair du péché, en mourant, a détruit le péché dans la chair du péché, et en ressuscitant, a dépouillé son corps corruptible et mortel pour revêtir un corps incorruptible et immortel.

En même temps qu'elle me fait mourir au péché, la foi en Jésus-Christ me fait espérer cette délivrance finale.

Car, pour l'instant, je suis simultanément juste et pécheur, moi qui, en tant qu'homme intérieur, veux les vrais biens du ciel qui me font vivre en me faisant mourir au monde, et moi qui, en tant que chair, désire les faux biens de ce monde qui me font mourir en prétendant me faire vivre.

Quant à moi, je suis donc assujetti conjointement, par la volonté et l'intelligence, à la loi de Dieu, et, par la chair, à la loi du péché.

---

1. 1 Corinthiens, XV, 35-58.

LES TROIS ÉTATS

Saint Paul passe pour être l'apôtre qui a substitué la foi en Jésus-Christ à la loi de Moïse. Pour beaucoup d'historiens juifs, il est même le véritable inventeur du christianisme, mais au prix d'une trahison, puisque dans la prédication de Jésus-Christ il était question de réformer le judaïsme plutôt que de rompre avec lui en instaurant une nouvelle religion. Pourtant, saint Paul le répète souvent, notamment en Galates, III, 10 et 13, le christianisme n'abolit pas la loi, il abolit la malédiction de la loi[1] due non à la loi elle-même, mais au péché, et il remplace ainsi, dans la loi, le régime de la lettre par le régime de l'esprit. Tant qu'on se borne à opposer de manière binaire et unilatérale loi et foi, on se méprend sur la pensée de l'apôtre, qui est éminemment dialectique.

Cette dialectique est déjà perceptible dans la définition des trois états distingués par saint Paul : l'état de la nature, l'état de la loi, l'état de la grâce. L'état de la nature est l'état des païens. L'état de la loi est l'état des juifs. L'état de la grâce est l'état des chrétiens. Si on en restait là, si on en restait à la juxtaposition et à la succession des trois états, la pensée de l'apôtre n'aurait évidemment rien de dialectique. Mais on ne saurait en rester là, on ne saurait en rester à la juxtaposition et à la succession des trois états, ce qui se vérifie par le dédoublement de l'état des juifs. L'homme juif, qui est l'homme sous la loi, est soit comme un païen vivant dans l'état de la nature, soit comme un chrétien vivant dans l'état de la grâce. Car il y a des juifs qui sont charnels et des juifs qui sont spirituels. Le juif

---

1. Saint Paul rapproche la malédiction de la loi (telle qu'elle s'exprime en Deutéronome, XXVII, 26 : « Maudit soit quiconque ne persévère pas dans l'accomplissement de tout ce qui est écrit dans le livre de la loi. ») et la malédiction de la croix (telle qu'elle s'exprime en Deutéronome, XXI, 22-23 : « Maudit quiconque est pendu au bois. ») : Jésus-Christ supporte la malédiction de la croix afin de racheter l'humanité de la malédiction de la loi.

charnel est sous la loi sans s'appliquer à lui-même la condamnation du péché contenue dans la loi, de sorte qu'il n'est pas sous la loi sans être également sous la malédiction de la loi. Il se vante de la loi. Il ne se sait pas passible de la malédiction de la loi. Il revendique la loi pour lui-même et contre les autres, se glorifie et accuse les autres, sans voir que, ce faisant, il se comporte, lui qui est juif et lui qui a reçu le don de la loi, comme un païen qui est à lui-même sa propre loi. À la différence du juif charnel, le juif spirituel est sous la loi en s'appliquant à lui-même la condamnation du péché contenue dans la loi, mais il croit en la parole de Dieu qui promet la rémission des péchés, de sorte qu'il n'est pas sous la loi sans être également au-dessus de la malédiction de la loi par sa foi en la promesse de Dieu. Il se sait passible par lui-même de la malédiction de la loi, dont il n'est épargné que par sa foi en la promesse de Dieu. C'est en approfondissant le mal inhérent à l'état de la nature que l'état de la loi anticipe le bien inhérent à l'état de la grâce. L'homme chrétien n'est plus sous la loi, il est au-dessus de la loi, car il croit en la parole de Dieu qui, lorsqu'elle s'incarne en Jésus-Christ, effectue la rémission des péchés. Le juif spirituel demeure sous la loi même s'il est au-dessus de la malédiction de la loi, parce que la rémission des péchés ne lui est que promise. Le chrétien n'est plus sous la loi, il est au-dessus de la loi, parce qu'en Jésus-Christ la rémission des péchés promise au juif spirituel est désormais acquise. Quand saint Paul dit que la foi en Jésus-Christ affranchit de la loi, il ne faut pas l'entendre en un autre sens. L'homme païen, à l'inverse, n'est pas encore sous la loi, il est sans la loi, il est à lui-même sa propre loi.

LA DIALECTIQUE DE LA VIE ET DE LA MORT

Le caractère dialectique de la pensée de saint Paul, déjà perceptible dans la définition des trois états que sont l'état de la nature, l'état de la loi, l'état de la grâce, l'est encore davantage quand on rattache ces trois états historiques aux deux états anhistoriques que sont l'état de la gloire originelle et l'état de la gloire finale.

Dans le premier état, l'état de la gloire originelle, le péché et la mort n'existent pas encore, mais la vie de l'homme innocent n'est pas non plus encore la vie de l'esprit. L'homme innocent peut mourir, même s'il n'est pas condamné à mourir tant qu'il ne pèche pas. Il pourrait donc ne mourir jamais comme il pourrait ne faillir jamais, quoique cette condition soit inférieure à celle dans laquelle l'homme ne peut plus mourir comme il ne peut plus faillir.

Dans le deuxième état, l'état de la nature, la mort a fait son entrée dans le monde avec le péché originel. Les hommes naissent condamnés à mourir et ils tentent vainement de différer l'échéance en s'attachant aux biens de ce monde, ratifiant ainsi le péché originel et la condamnation à la mort qui pèse sur eux. Dans l'état de la nature, on ne vit que parce que le péché est mort, que parce que tout est fait pour se dissimuler le péché et la mort. C'est pourquoi cette vie est elle-même une mort.

Dans le troisième état, l'état de la loi, le péché et la mort, qui étaient dissimulés, sont dénoncés. En ressuscitant le péché enseveli dans l'état de la nature, la loi, d'une part, fait vivre pour autant qu'elle fait mourir à cette vie de l'état de la nature qui est une mort, et, d'autre part, fait mourir pour autant qu'elle fait vivre le péché mort dans l'état de la nature et revivre le péché originel. La loi fait mourir parce que, en commettant la moindre action mauvaise, on transgresse comme Adam la loi de Dieu qu'on s'imagine destinée à priver l'homme d'un bien désirable alors qu'elle est conforme à ce qu'exige sa nature. L'état de la loi est celui de la connaissance du péché. Loin qu'elle délivre du péché, la connaissance du péché aggrave le péché : le péché qui se sait péché devient pécheur, source de péché. Sous la loi, le péché abonde, non parce qu'on pèche quantitativement davantage, mais au contraire parce qu'un seul péché concentre qualitativement tous les péchés. Un seul acte de convoitise atteste non seulement que la convoitise est dans le cœur et, par conséquent, dans tous les actes, mais encore que l'homme qui convoite est en infraction à l'égard de la loi tout entière, de sorte qu'avec la convoitise ce sont l'impiété, l'idolâtrie, la gloire, l'ingratitude, l'homicide, l'adultère, l'injustice, le mensonge et l'envie, qu'il faut mettre au fond de tous les actes. Une loi de vie devient ainsi une loi de mort pour celui qui vit dans le péché.

Dans le quatrième état, l'état de la grâce, le péché et la mort, qui n'étaient que dénoncés, sont confessés. Le juif spirituel ne s'excepte déjà plus de la condamnation du péché contenue dans la loi, sans désespérer pour autant de la grâce, et le chrétien trouve de surcroît dans la mort et dans la résurrection de Jésus-Christ le fondement d'une mort au péché et d'une renaissance dans la vie de l'esprit. La grâce ne fait pas mourir, comme la loi, à cette vie de l'état de la nature qui est une mort. Plus radicalement, la grâce fait mourir au péché, le péché qui non seulement fait que cette vie de l'état de la nature est une mort, mais encore fait que la loi, laquelle fait pourtant vivre en faisant mourir à cette mort, est elle-même une mort, elle qui fait revenir le péché refoulé dans cette vie de l'état de la nature qui est une mort. En faisant mourir au péché, la grâce fait mourir à ce qui, dans la loi, est une occasion de mort. La grâce ne fait pas mourir au contenu de la loi qui est bon et destiné à faire vivre. La grâce fait mourir à la forme de la loi, qui n'est pas mauvaise en elle-même mais qui est une occasion de mort pour le péché. L'état de la grâce met fin à la malédiction de la loi. La malédiction de la loi, sans cesse renaissante et néanmoins sans cesse surmontée dans la foi en la promesse de Dieu, est définitivement surmontée dans la foi en Jésus-Christ et dans la renaissance qu'elle produit. La loi n'est pas abolie, le commandement n'est pas caduc. La foi en Jésus-Christ fait vouloir et faire ce qu'on est obligé de vouloir et de faire, de sorte qu'elle abolit non la loi, mais la malédiction de la loi.

Dans le cinquième état, l'état de la gloire finale, l'œuvre de la grâce est menée à son terme. La grâce ne faisant vivre qu'en faisant mourir au péché, elle n'offre en effet que les prémices de la délivrance et préfigure un dernier état, l'état dans lequel le péché et la mort n'existeront plus. La grâce fait vivre spirituellement un homme encore charnel. Elle fait donc espérer la mort de l'homme charnel et la vie de l'homme spirituel réalisées par la mort et par la résurrection des morts.

Cette dialectique de la vie et de la mort conduit saint Paul à cliver la vie de la gloire originelle et la vie de la gloire finale. La première n'est qu'une vie naturelle dans laquelle l'immortalité n'est que l'absence de la mort. La seconde est une vie spirituelle dans laquelle l'immortalité n'est pas l'absence de la mort, mais la mort de la mort dans la vie éternelle. Le péché est donc la condition d'une vie supérieure. Selon Romains, V, 18-19, il fallait que tous les hommes fussent enfermés dans la désobéissance et dans la condamnation d'Adam (de l'homme terrestre), afin que tous fussent affranchis dans l'obéissance et dans la glorification de Jésus-Christ (de l'homme céleste), même si cette nécessité témoignant d'un dessein de Dieu est à rapporter à la volonté de Dieu, et non à l'essence de Dieu.

ABRAHAM

La thèse principale défendue par saint Paul, dans l'Épître aux Romains, est la thèse de la justification par la foi. Cette thèse exclut la justification par les œuvres de la loi. Restera ensuite à justifier la loi, qui est justifiable, même si les œuvres de la loi ne justifient pas. Il faut donc, afin de comprendre la justification de la loi entreprise au chapitre VII, remonter d'abord au chapitre IV dans lequel saint Paul invoque Abraham et David contre ceux qui se vantent de la loi, sans voir que la loi ne saurait justifier l'homme pécheur.

Abraham prouve, en premier lieu[1], que l'homme pécheur est justifié par la foi et non par les œuvres de la loi. Saint Paul cite Genèse, XV, 6 : « Abraham eut foi en Dieu, et cela lui fut compté comme justice. » Il s'agit d'une grâce, car celui qui accomplit la loi mérite d'être justifié, sans qu'on puisse dire qu'on lui compte l'accomplissement de la loi comme justice.

Abraham prouve, en second lieu[2], que la promesse est antérieure à la loi et que la loi n'a de sens que par rapport à la promesse. Car la justification d'Abraham par la foi précède la circoncision, de sorte que la circoncision doit être interprétée comme un signe par lequel Dieu scelle la promesse d'une justification par la foi. Pour parler comme Pascal, la loi est figurative. Abraham est le père de tous les croyants, qu'ils soient incirconcis ou circoncis, la loi elle-même n'ayant de sens que par rapport à la promesse.

En quoi consiste la foi d'Abraham ? Saint Paul ne s'appuie pas sur l'épisode du sacrifice d'Isaac, il s'appuie sur l'épisode de la conception d'Isaac[3]. Alors qu'Abraham et son épouse Sara n'étaient plus en âge de procréer, Abraham a cru en la

---

1. Romains, IV, 1-5.
2. Romains, IV, 9-12.
3. Romains, IV, 18-25.

parole de Dieu lui annonçant la naissance d'Isaac. Dieu a rendu fécond le corps devenu stérile. Ce miracle n'est pas sans analogie avec le miracle accompli par la foi en Jésus-Christ, puisque par elle le cœur, qui était mort et incapable de bonnes œuvres, est revivifié et capable de bonnes œuvres.

Quant au prophète David, il confirme la lecture paulinienne[1]. Saint Paul cite le psaume XXXII, 1-2, qui déclare heureux ceux à qui Dieu ne compte pas leurs péchés. Il est nécessaire de se fonder sur la foi puisque, comme le déclare également David dans le psaume XIV et dans le psaume LIII cités en Romains, III, 10-18, nul n'est juste, tous sont pécheurs.

EXPLICATION

Dans le chapitre VII de l'Épître aux Romains, saint Paul s'efforce de justifier la loi, qui est justifiable, même si les œuvres de la loi ne justifient pas. Cette justification s'effectue en deux temps. Dans la première partie du texte (versets 7-13), saint Paul étudie l'état de la loi et il montre que la loi n'est pas cause de mort, mais seulement occasion de mort : elle n'est occasion de mort que pour le péché. Dans la seconde partie du texte (versets 14-25), saint Paul étudie l'état de la grâce et il montre que cet état implique l'aveu du péché, le péché étant précisément ce qui, d'après la première partie du texte, confère à l'obligation légale son caractère mortifère. La loi est donc mieux justifiée dans l'état de la grâce que dans l'état de la loi. Car, dans l'état de la loi, la loi n'est justifiée qu'extérieurement, comme une férule appliquée au péché, contre la volonté et l'intelligence du pécheur, tandis que, dans l'état de la grâce,

1. Romains, IV, 6-8.

la loi est justifiée intérieurement, par la volonté et l'intelligence du pécheur lui-même.

Tout homme est susceptible de parcourir les trois stades intermédiaires que sont le stade de la nature, le stade de la loi, le stade de la grâce, et tout chrétien récapitule en lui paganisme, judaïsme, christianisme. Paul parle donc de lui-même en décrivant ces trois stades.

Même si l'apôtre revendique, en dépit de sa naissance comme citoyen romain, son appartenance au judaïsme, le paganisme ne lui est pas étranger. L'état de la nature concerne non seulement les hommes qui n'ont pas reçu la loi – les païens –, mais encore les hommes qui, ayant reçu la loi, continuent de vivre comme s'ils ne l'avaient pas reçue – les juifs charnels qui sont les païens de la loi. Les païens et les juifs charnels sont à eux-mêmes leur propre loi. Selon Romains, II, 12-16, les païens ont dans la conscience morale une instance leur permettant, premièrement, de connaître le bien et le mal, deuxièmement, de prononcer des jugements de louange ou de blâme sur les actions bonnes ou mauvaises. Si, au regard de la loi et de la grâce, ils font forcément le mal, leurs actions étant formellement sinon matériellement mauvaises, c'est en toute inconscience. Il en va de même, selon Romains, II, 17-29, pour les juifs qui, ayant reçu la loi, ne songent qu'à se glorifier de leurs bonnes actions et à accuser les autres de leurs mauvaises actions, ou pour les juifs qui préfèrent la circoncision du corps à la circoncision du cœur, la lettre de la loi à l'esprit de la loi. Saint Paul vise, parmi les juifs, ceux qui se flattent d'avoir reçu la loi sans pratiquer la loi qu'ils ne sauraient pratiquer puisqu'ils sont pécheurs, et ceux qui, conséquemment, réduisent la loi à des formalités. C'est à ces deux catégories – aux païens, d'une part, aux juifs charnels, d'autre part – que saint Paul s'en prend au début de son Épître. Il fustige l'inconscience des uns et des autres. Pour les uns et pour les autres, le péché est mort : il est ignoré. Les païens sont inexcusables parce que la raison, au lieu de leur faire connaître le vrai Dieu, ne leur fait connaître, dans sa corruption par le péché, qu'une idole par rapport à laquelle ils ne peuvent se savoir pécheurs. Les juifs charnels sont inexcusables parce que la loi, qui leur fait pourtant connaître le vrai Dieu, le Dieu qui ne veut ni de l'idolâtrie ni du péché, ne leur fait pas connaître, dans sa corruption par le péché, leur propre idolâtrie et leur propre péché. Les juifs charnels se vantent d'une loi qui les accuse, exposant le vrai Dieu à la risée des païens. La seule différence entre les païens et les juifs charnels est que les premiers, n'ayant pas reçu la loi, sont jugés par la raison et par la conscience morale, tandis que les seconds, ayant reçu la loi, sont jugés par la loi.

Les juifs spirituels se savent condamnés, dans leur péché, par la loi. Pour l'homme qui se place lui-même sous la loi et qui s'applique à lui-même la condamnation du péché contenue dans la loi, la bonne conscience de l'homme sans la loi n'a plus cours. Cet homme se sait impie, idolâtre, glorieux, ingrat, homicide, adultère, injuste, menteur, envieux et plein de convoitise, car non seulement le moindre acte de convoitise, par exemple, atteste que la convoitise est dans le cœur, mais encore le moindre acte de convoitise atteste que l'impiété, l'idolâtrie, la gloire, l'ingratitude, l'homicide, l'adultère, l'injustice, le mensonge et l'envie, sont également dans le cœur. Projetant au fond du cœur tout ce qu'elle dénonce, la loi vide le cœur de tout mérite. L'homme qui se place lui-même sous la loi ne parvient plus à s'approprier le bien et le mal. Il se découvre pauvre et indigent. Quoique roi, David se plaint constamment devant Dieu de sa pauvreté et de son indigence. C'est qu'il ne s'agit pas de pauvreté et d'indigence matérielles, mais de pauvreté et d'indigence spirituelles. Cependant, si un tel homme est conscient qu'il ne saurait être justifié par les œuvres de la loi, il n'attend plus que de la grâce sa justification. Dieu vient au secours des pauvres et des indigents qui l'invoquent. Dans sa fidélité – la fidélité à la promesse contenue dans la création de l'homme et la fidélité à la promesse renouvelée, après le déluge, dans l'alliance avec le peuple juif –, il les secourt.

Ainsi, d'un côté, le pécheur abandonné à lui-même chante sa détresse. Il éprouve la malédiction de la loi. Non seulement il pèche dans le bien comme dans le mal, mais encore, infidèle à un Dieu fidèle, il conspire avec le péché contre la loi, comme si la loi n'était pas véridique en ne prescrivant que ce qui fait vivre et en n'interdisant que ce qui fait mourir. Mais, d'un autre côté, le pécheur gracié chante sa félicité d'aimer et d'accomplir la loi malgré toutes ses défaillances. Il célèbre Dieu qui est fidèle et qui, dans sa fidélité, ne se lasse pas de faire miséricorde. Il célèbre la loi qui est véridique en ne prescrivant que ce qui fait vivre et en n'interdisant que ce qui fait mourir. En se faisant le chantre de Dieu et de la loi de Dieu, il se fait le détracteur du péché et de la séduction du péché. David proclame dans de nombreux psaumes, notamment dans le psaume XVIII, 2-4, que l'homme ne peut se reposer en lui-même ni se croire en lui-même inébranlable, mais qu'il ne peut se reposer qu'en Dieu, en qui il est effectivement inébranlable :

> Je t'aime, Seigneur, ma force.
> Le Seigneur est mon roc, ma forteresse et mon libérateur.
> Il est mon Dieu, le rocher où je me réfugie,
> mon bouclier, l'arme de ma victoire, ma citadelle.
> Loué soit-il ! J'ai appelé le Seigneur,
> et j'ai été vainqueur de mes ennemis.

Les ennemis sont avant tout les péchés que le juif spirituel combat en sachant qu'il n'a pas par lui-même la puissance de les vaincre : il confesse que c'est Dieu, le Dieu qu'il invoque, qui lui donne la victoire sur ses ennemis. Les ennemis sont ensuite les hommes qui, ne se plaçant pas eux-mêmes sous la loi pour être accablés de leurs propres péchés, accablent les autres de leurs péchés. Contrairement à ceux que David nomme « les méchants », les bons ne cessent de pécher mais, parce qu'ils ne cessent d'avouer leurs péchés et leur misère, ils ne cessent d'accueillir la grâce de Dieu qui les relève et les comble de félicité. Aussi protestent-ils contre les méchants qui cherchent à les emprisonner dans leurs péchés et à les faire mourir de leurs péchés. Les méchants sont ceux qui n'ont aucune pitié des pécheurs navrés de leurs péchés et qui sont scandalisés de la liberté que leur procure la grâce. Dans ses psaumes, David les décrit comme des prédateurs à l'affût de leurs victimes. Ils épient ceux qu'ils veulent accuser, au mépris de Dieu et de la loi de Dieu qui n'épargne personne, pas plus eux que les autres, ou plutôt qui n'épargne que ceux qui se confient à la fidélité de Dieu. David ne reconnaît que l'accusation émanant de la loi ; il repousse toute autre accusation. David ne reconnaît que la délivrance émanant de la grâce ; il repousse toute autre délivrance. Il magnifie la loi qui ne le fait vivre que dans sa foi en la grâce de Dieu.

Les juifs spirituels sont les chrétiens de la loi, comme les juifs charnels sont les païens de la loi. Ils trahiraient la loi en prétendant la servir, s'ils n'étaient que sous la loi. Les juifs qui ne sont que sous la loi trahissent la loi, dans la mesure où leur volonté et leur intelligence demeurent solidaires du péché. Les juifs qui ne sont pas que sous la loi ne trahissent plus la loi, dans la mesure où leur volonté et leur intelligence, comme celles des chrétiens sous la grâce, ne sont plus solidaires du péché.

Quelle différence y a-t-il entre les chrétiens et les juifs spirituels ? David professe déjà, notamment dans le psaume LI, et le péché, et le péché originel. David professe le péché, car la moindre action mauvaise suffit pour rendre suspectes toutes les bonnes actions. La moindre action mauvaise autorise la loi à projeter au fond du cœur tout ce qu'elle dénonce. La conclusion est que pas un seul homme n'est juste, pas un seul homme n'est justifié par les œuvres de la loi. David professe en outre le péché originel, car l'injustice de l'homme ne paraît pas seulement dans la moindre action mauvaise, elle paraît dès sa naissance. Les hommes ne naissent ni innocents ni spirituels. Ils naissent charnels. Cet adjectif signifie deux choses. L'une a trait à la génération. Les hommes sont charnels parce qu'ils naissent de la chair et parce qu'ils sont conçus dans les transports de la chair, à l'image de leurs parents qui, eux-mêmes, sont nés de la chair et ont été conçus dans les transports de la chair. L'autre a trait à l'indépendance de la volonté. Les hommes sont charnels parce que, loin de se joindre de volonté à la volonté de leur créateur, ils poursuivent leurs propres buts sans se rendre compte que, ce faisant, leur volonté se retourne inéluctablement contre elle-même et devient impuissante. Pascal le formule admirablement[1] en disant que « la volonté propre ne satisfera jamais, quand elle aurait pouvoir de tout ce qu'elle veut ». La condition de leur naissance n'est donc pas la condition que promettait leur création : car l'homme a été créé esprit, à l'image de Dieu qui est esprit, et il a reçu le libre arbitre comme faculté de se joindre de volonté à la volonté de Dieu, afin d'être uni à lui et de ne plus faire qu'un esprit avec lui. Ainsi, la détresse du pécheur est non seulement la détresse de ses péchés, mais encore la détresse de l'humanité entière en tant qu'humanité déchue. La grâce est requise pour remédier et au péché, et au péché originel. Pour David, la foi en la grâce de Dieu est fondée sur la promesse. Dieu a conclu une alliance avec le peuple juif en qui doit s'incarner sa justice. Cependant, la promesse remonte plus haut, puisqu'elle remonte à la

---

1. *Pensées*, Lafuma 362.

création de l'homme. C'est en tout homme que doit s'incarner la justice de Dieu. Mais, pour cela, il faut que Dieu accomplisse sa promesse. Il faut qu'il retire le pécheur du péché et qu'il l'introduise dans sa propre vie. Or telles sont, selon Romains, V, 6-11, les deux missions du Christ. L'amour prévenant de Dieu exprimé dans la création de l'homme se vérifie, et dans la mort du Christ qui réconcilie tous les hommes avec Dieu, et dans la résurrection du Christ qui unit à Dieu ceux qui, dans la foi, veulent partager sa mort et sa résurrection. « Vous êtes morts avec le Christ, vous êtes ressuscités avec le Christ », scande l'apôtre. Les chrétiens n'attendent plus leur salut, ils l'ont en Jésus-Christ. Leur espérance ne porte pas sur le salut, puisqu'ils sont certains de leur salut dans leur foi en Jésus-Christ ; leur espérance ne porte que sur la confirmation de la grâce de la foi et sur l'accession à la gloire par la persévérance dans la foi.

Dans la première partie du texte, saint Paul étudie l'état de la loi comme état dans lequel on arrive à la connaissance du péché, la difficulté étant que l'état de la loi n'est pas un état monolithique et que l'apôtre est passé, quant à lui, de l'état de juif charnel à l'état de chrétien. Les commentateurs sont parfois embarrassés par le verset 9, dans la mesure où ils remarquent à juste titre que l'apôtre n'a jamais été un païen vivant sans la loi. Il est donc indispensable de distinguer, dans l'état de la loi, l'état des juifs charnels (vivant sous la loi comme des païens sans la loi) et l'état des juifs spirituels (vivant sous la loi comme des chrétiens au-dessus de la loi). La loi est une malédiction insurmontable pour les juifs charnels qui, dans leur bonne conscience, ignorent cette malédiction. La loi est une malédiction, mais une malédiction surmontée, pour les juifs spirituels qui, dans la conscience de leur péché, n'ignorent pas cette malédiction.

Sans doute faut-il rappeler ici que, avant de se convertir au christianisme, Paul (Saül) appartenait au parti des pharisiens. Ce parti se caractérisait par trois exigences : 1) connaître parfaitement la loi ; 2) pratiquer scrupuleusement la loi ; 3) adapter les commandements de la loi aux cas non prévus par elle et, par là, étendre la loi en la complétant par une tradition de jurisprudence aussi contraignante que la loi elle-même. Jésus-Christ attaque les pharisiens avec une rare violence verbale[1]. Il leur reproche de se croire supérieurs aux autres hommes et de s'ériger en médiateurs autorisés entre les autres hommes et Dieu. Les pharisiens sont censés préférer la gestion du sacré à la contrition personnelle. Leur rapport à la loi est tenu pour un rapport extérieur à la loi. Car ils ne s'occupent pas d'eux-mêmes, ne se placent pas eux-mêmes sous la loi et ne s'appliquent pas à eux-mêmes la condamnation du péché contenue dans la loi. La loi leur est un moyen de faire la loi, alors qu'elle dénonce le péché qui consiste précisément à s'approprier la connaissance du bien et du mal et à faire la loi ! Ces reproches de Jésus-Christ inspirent ceux que Paul, converti au christianisme, adresse aux juifs charnels.

La plupart des commentateurs actuels estiment que, dans la seconde partie du texte, saint Paul dépeint l'homme sous la loi, quoiqu'il soit beaucoup plus vraisemblable qu'il dépeint l'homme sous la grâce. Outre que ce qu'il dit ne convient ni aux païens ni aux juifs charnels (qui n'ont aucune volonté du bien puisqu'ils pèchent dans le bien comme dans le mal), ni même aux juifs spirituels (qui n'ont pas en Jésus-Christ le fondement de leur volonté du bien), l'argumentation telle qu'on l'a présentée, dans son mouvement de justification de la loi, exclut toute autre interprétation. C'est d'ailleurs ce qui ressort des commentaires anciens. Il suffit de se reporter à saint

---

1. Matthieu, XXIII, 1-36.

Augustin, à saint Thomas d'Aquin, à Luther et à Calvin. Dans son *Exposition de quelques propositions de l'Épître aux Romains*, XLIV-XLV, saint Augustin commence par affirmer qu'il s'agit dans ce passage de l'homme sous la loi, ce qu'il corrige ensuite dans ses *Rétractations*, I, XXIII, 1, au moment de la controverse avec les pélagiens sur le libre arbitre et la grâce. Dans son commentaire du chapitre VII, leçons 3 et 4, saint Thomas d'Aquin envisage les deux possibilités qu'il réfère chez saint Augustin, pour la première, aux *Quatre-vingt-trois questions diverses*, question LXVI, 5, et, pour la seconde, au *Contre Julien*, II, III, 5. Luther et Calvin adoptent, dans leurs commentaires respectifs, le point de vue augustinien de la controverse avec les pélagiens. À l'instar de saint Thomas qui privilégie l'interprétation de l'homme sous la grâce, Luther ramène l'opposition entre « vouloir le bien » et « faire le mal » à une opposition entre « vouloir le bien » et « désirer faire le mal ». Quand saint Paul déclare qu'il ne fait pas le bien qu'il veut et qu'il fait le mal qu'il ne veut pas (versets 15 et 19), « faire » n'équivaut pas, selon saint Thomas et Luther, à « accomplir l'action », mais à « désirer faire ». Celui à qui il est donné de vouloir le bien, fait le bien, mais l'accomplissement de l'action reste entaché de mauvais désirs, raison pour laquelle l'apôtre concède que, là même où le chrétien veut le bien et fait le bien, manque l'accomplissement (verset 18), et raison pour laquelle les protestants imputent la justification du chrétien à la seule foi (*sola fide*), à l'exclusion des œuvres. Le chrétien sous la grâce, qui veut le bien, ne fait pas le mal, mais il désire encore faire le mal. L'homme pécheur ne peut vouloir le bien sans la grâce, et il est donc impossible d'attribuer au païen ou au juif charnel la volonté du bien. Vouloir et faire le bien dépend de la grâce. Calvin note, à ce sujet, qu'il ne faut pas confondre les paroles de Paul « je ne fais pas le bien que je veux ; je fais le mal que je ne veux pas » avec les paroles d'Ovide[1] «je vois le meilleur et je l'approuve ; mais c'est le pire que je suis». Les païens ne sauraient ni vouloir ni faire le bien. Tout au plus leur est-il permis d'énoncer, à cause des reproches de leur conscience morale, qu'ils voient le bien et qu'ils l'approuvent, mais que, entraînés par leurs passions, c'est le mal qu'ils font. N'ayant pas la conscience du péché, les païens ne demandent pas à la grâce de leur faire vouloir et faire le bien.

L'hésitation des commentateurs, concernant la seconde partie du texte, est instructive. Elle vient de ce que l'état des chrétiens sous la grâce n'est pas l'état de la gloire finale. Les chrétiens sous la grâce sont encore scindés entre l'homme charnel et l'homme spirituel. Ils accomplissent le bien et, toutefois, le bien qu'ils accomplissent n'est pas accompli. Les catholiques insistent sur le fait qu'ils accomplissent le bien ; les protestants insistent sur le fait que le bien qu'ils accomplissent n'est pas accompli. Or les deux assertions cohabitent chez saint Paul. La grâce donne aux chrétiens la puissance de faire du mal qui subsiste en eux un bien. La puissance de la grâce n'est pas rabaissée mais rehaussée par la faiblesse de la chair. Il n'en demeure pas moins que, au regard de la foi dans laquelle la charité et l'union à Dieu sont parfaites, le perfectionnement de la charité et de l'union à Dieu dans les œuvres de la foi implique, comme tout perfectionnement, une radicale imperfection.

Au terme de cette explication, on espère avoir établi que saint Paul n'a rien à envier à Hegel en matière de pensée dialectique. La tripartition de la nature, de la loi et de la grâce, est dialectique. Car, si la nature est abandon au péché et à l'ignorance du péché, la loi qui dénonce le péché est déjà une grâce : elle est une grâce qui donne foi en la grâce, pourvu

---

1. *Métamorphoses*, VII, 21.

qu'on se place soi-même sous la loi. Et, si la loi est déjà une grâce, une grâce qui donne foi en la grâce pourvu qu'on se place soi-même sous la loi, la grâce de la foi en Jésus-Christ apparaît comme une grâce supplémentaire qui lève définitivement la malédiction de la loi, malédiction sans cesse renaissante et sans cesse surmontée dans la foi de celui qui considère que la loi est déjà une grâce.

FIGURES DU MAL

Plusieurs figures du mal émergent de l'analyse de saint Paul.

La première figure, correspondant au paganisme, est celle de l'illusion. L'illusion des païens est double. Ils repoussent la mort comme un mal naturel, alors qu'elle témoigne de l'abandon du genre humain à lui-même. Connaissant par la conscience morale le bien et le mal, ils se croient capables de vouloir et de faire le bien par eux-mêmes, alors qu'ils pèchent dans le bien comme dans le mal. La sagesse des païens est une folie aux yeux des chrétiens, de même que, inversement, la sagesse des chrétiens est une folie aux yeux des païens. Selon Romains, I, 18-25, c'est la raison qui rend inexcusables ceux qui ne sont pas véritablement sages en dépit de leur prétention à la sagesse, mais c'est la grâce qui rend sages ceux qui sont véritablement sages. La preuve en est que perdent la connaissance de Dieu ceux qui se glorifient de l'avoir acquise en raisonnant à partir de la nature. Les païens sont voués à l'idolâtrie et à la dépravation. Faute de connaître le vrai Dieu, ils ne connaissent pas le souverain bien et, faute de connaître le souverain bien, ils ne connaissent pas l'ordre des biens. Aussi leur sagesse, sans fondement dans la connaissance du vrai Dieu, n'est-elle qu'une imitation de la sagesse. La sagesse véritable conjoint connaissance de Dieu et connaissance du péché.

La deuxième figure, correspondant au judaïsme, est celle de l'hypocrisie. Dans le judaïsme, le vrai Dieu et le péché sont connus, et néanmoins l'hypocrisie consiste à extérioriser cette connaissance plutôt qu'à l'intérioriser. Lorsque cette connaissance n'est pas une connaissance pour soi-même, quelque chose de l'inconscience du paganisme perdure. L'hypocrite condamne dans les autres ce qu'il ne condamne pas en lui-même. Il applique la loi aux autres au lieu de se l'appliquer à lui-même. L'hypocrisie culmine chez les scribes et les pharisiens que Jésus-Christ maudit en Matthieu, XXIII, 1-36, car on peut les soupçonner de ne s'occuper des autres qu'afin de n'avoir pas à s'occuper d'eux-mêmes. Ils institutionnalisent l'hypocrisie, la séparation entre eux-mêmes et les autres. Leur zèle à l'égard de la loi est une manière de se moquer de la loi, parce qu'ils s'approprient la loi que personne ne peut s'approprier sans s'exposer à la condamnation du péché qu'elle contient. Personne ne peut se faire juge, au nom de la loi, sans mépriser la loi et sans haïr du même coup ceux qui aiment la loi (selon une logique déjà mise en lumière par David). Aussi, en accusant les scribes et les pharisiens d'avoir persécuté et assassiné les prophètes, Jésus-Christ les accuse-t-il par avance de sa propre mort. L'antagonisme est d'autant plus fort que Jésus-Christ est davantage qu'un prophète. Il est la parole de Dieu faite homme. Or les scribes et les pharisiens usurpent la fonction de médiateur qui lui est réservée. Le véritable médiateur entre Dieu et les hommes n'est pas celui qui dicte aux hommes ce qu'ils doivent croire et ce qu'ils doivent faire, s'arrogeant ainsi un pouvoir de lier et de délier qui n'est conféré à aucun homme. Le véritable médiateur entre Dieu et les hommes est celui qui s'en remet à Dieu, dans sa communion avec lui, de l'acceptation ou du refus de la parole de grâce qu'il incarne, de sorte que les hommes ne sont liés ou déliés que par leur refus ou leur acceptation de cette parole qui n'est ainsi que la cause occasionnelle de leur élection ou de leur réprobation.

La troisième figure, correspondant au christianisme, est celle de «la chair». La chair désigne l'assujettissement de l'âme au corps consécutif au péché originel parce qu'elle désigne prioritairement l'opposition de l'esprit de l'homme à l'esprit de Dieu. L'homme charnel aime ce que l'homme spirituel déteste et l'homme spirituel aime ce que l'homme charnel déteste [1]. Les chrétiens spirituels ne sont pas exempts de tout appétit charnel, mais ils surmontent l'appétit charnel, ne prenant rien pour eux de ce qui va à l'appétit charnel en eux. Au contraire, loin de gémir sur l'appétit charnel qui subsiste en eux, les chrétiens charnels font du christianisme lui-même un usage charnel. Cet usage charnel du christianisme culmine dans sa confiscation par les clercs. La confiscation du christianisme par les clercs aggrave en la reproduisant analogiquement la confiscation de la loi par les scribes et les pharisiens si violemment dénoncée par Jésus-Christ. Tel est sans doute le mystérieux péché contre le Saint-Esprit pour lequel, selon Matthieu, XII, 31-32, il n'y a plus de remède. Quoi de plus monstrueux, en effet, que de faire gloire de la grâce de la foi, alors qu'il n'est de gloire qu'en la grâce de la foi !

---

1. Galates, V, 17.

CONCLUSION

Le mal physique et le mal métaphysique ne sont pas conçus de la même façon selon que le mal moral est lui-même conçu comme faute ou comme péché renvoyant au péché originel. C'est pourquoi une telle importance a pu être accordée au christianisme dans l'essai préliminaire pour penser le mal et dans le choix des deux textes destinés à illustrer cet essai préliminaire. La comparaison de Hegel et de saint Paul s'imposait alors, dans la mesure où ils offrent deux versions différentes et complémentaires de l'articulation de la nature, de la loi et de la grâce, ou du paganisme, du judaïsme et du christianisme – la version hégélienne étant commandée par la nécessité logique du péché, la version paulinienne étant commandée par la finalité christique du péché.

On a tenté de montrer qu'il est impossible de penser le mal, du moins dans toute sa profondeur, sans la référence hégélienne à l'histoire de la culture, même s'il n'est possible de penser le mal, du moins dans toute sa profondeur, que par la référence paulinienne à la libre réponse que la grâce de Dieu attend de la volonté de l'homme. Car le péché, qui est irréductible à la faute, consiste à disjoindre sa volonté de la volonté de

Dieu et à perdre ainsi l'usage du libre arbitre, la volonté péchant nécessairement dans le bien comme dans le mal à partir du moment où elle se prend elle-même pour fin et pour mesure de tout bien à la place de Dieu.

Aussi le dernier mot revient-il à Kierkegaard[1] : comprendre Hegel est le maximum, tandis que devenir hégélien est suspect, si devenir chrétien est le maximum, tandis que comprendre le christianisme est suspect.

---

1. Voir *Post-scriptum définitif et non scientifique aux Miettes philosophiques*, chap. IV, section 1, § 2.

TABLE DES MATIÈRES

PENSER LE MAL

Le bien et le mal 7
Mal physique, mal moral, mal métaphysique 10
Le mal en question 14
Le concept de mal 16
La réalité ontologique du mal 23
L'origine du mal 28
    L'origine du mal dans la matière 28
    L'origine du mal dans la liberté 33
    De l'innocence au mal 38
Dieu est-il l'auteur du mal ? 45
    Dieu est-il bon ? 46
    Dieu est-il tout-puissant ? 49
    Le mal est-il le mal ? 51
    Les deux volontés de Dieu 56
Le pervers et le saint 60

TEXTES ET COMMENTAIRES

TEXTE 1 : HEGEL, *Leçons sur la philosophie de l'histoire*,
    3e partie, 3e section, chapitre II, « Le christianisme »....   65
COMMENTAIRE   71
    Thèse   73
    L'histoire philosophique   79
    Le péché originel   81
    Le judaïsme   85
    Le christianisme   89
    L'approfondissement du mal   91

TEXTE 2 : SAINT PAUL, *Épître aux Romains*, chapitre VII,
    versets 7-25   95
COMMENTAIRE   97
    Paraphrase   98
    Les trois états   104
    La dialectique de la vie et de la mort   106
    Abraham   109
    Explication   110
    Figures du mal   120

CONCLUSION   123

TABLE DES MATIÈRES   125

DANS LA MÊME COLLECTION

Hicham-Stéphane AFEISSA, *Qu'est-ce que l'écologie ?*

Bruno AMBROISE, *Qu'est-ce qu'un acte de parole ?*

Jean-Pascal ANFRAY, *Qu'est-ce que la nécessité ?*

Alain ANQUETIL, *Qu'est-ce que l'éthique des affaires ?*

Anne BAUDART, *Qu'est-ce que la démocratie ?*

Bruno BERNARDI, *Qu'est-ce qu'une décision politique ?*

Christian BERNER, *Qu'est-ce qu'une conception du monde ?*

Hélène BOUCHILLOUX, *Qu'est-ce que le mal ?*

Christophe BOURIAU, *Qu'est-ce que l'humanisme ?*

Christophe BOURIAU, *Qu'est-ce que l'imagination ?*, 2ᵉ édition

Alain CAMBIER, *Qu'est-ce que l'État ?*

Alain CAMBIER, *Qu'est-ce qu'une ville ?*

Patrice CANIVEZ, *Qu'est-ce que la nation ?*

Stéphane CHAUVIER, *Qu'est-ce qu'un jeu ?*

Stéphane CHAUVIER, *Qu'est-ce qu'une personne ?*

Paul CLAVIER, *Qu'est-ce que la théologie naturelle ?*

Jean-Pierre CLÉRO, *Qu'est-ce que l'autorité ?*

Marc DE LAUNAY, *Qu'est-ce que traduire ?*

Guy DENIAU, *Qu'est-ce que comprendre ?*

Julien DEONNA et Fabrice TERONI, *Qu'est-ce qu'une émotion ?*

Jérôme DOKIC, *Qu'est-ce que la perception ?*, 2ᵉ édition

Filipe DRAPEAU CONTIM, *Qu'est-ce que l'identité ?*

Éric DUFOUR, *Qu'est-ce que le cinéma ?*

Éric DUFOUR, *Qu'est-ce que la musique ?*

Julien DUTANT, *Qu'est-ce que la connaissance ?*

Hervé GAFF, *Qu'est-ce qu'une œuvre architecturale ?*

Pierre GISEL, *Qu'est-ce qu'une religion ?*

Jean-Yves GOFFI, *Qu'est-ce que l'animalité ?*

Gilbert HOTTOIS, *Qu'est-ce que la bioéthique ?*

Catherine KINTZLER, *Qu'est-ce que la laïcité ?*, 2ᵉ édition

Sandra LAPOINTE, *Qu'est-ce que l'analyse ?*

Michel LE DU, *Qu'est-ce qu'un nombre ?*

Pierre LIVET, *Qu'est-ce qu'une action ?*, 2ᵉ édition

Michel MALHERBE, *Qu'est-ce que la politesse ?*

Paul MATHIAS, *Qu'est-ce que l'internet ?*

Lorenzo MENOUD, *Qu'est-ce que la fiction ?*

Michel MEYER, *Qu'est-ce que l'argumentation ?*, 2ᵉ édition

Paul-Antoine MIQUEL, *Qu'est-ce que la vie ?*

Jacques MORIZOT, *Qu'est-ce qu'une image ?*, 2ᵉ édition

Gloria ORIGGI, *Qu'est-ce que la confiance ?*

Mélika OUELBANI, *Qu'est-ce que le positivisme ?*

Roger POUIVET, *Qu'est-ce que croire ?*, 2ᵉ édition

Roger POUIVET, *Qu'est-ce qu'une œuvre d'art ?*

Manuel REBUSCHI, *Qu'est-ce que la signification ?*

Dimitrios ROZAKIS, *Qu'est-ce qu'un roman ?*

Franck VARENNE, *Qu'est-ce que l'informatique ?*

Hervé VAUTRELLE, *Qu'est-ce que la violence ?*

Joseph VIDAL-ROSSET, *Qu'est-ce qu'un paradoxe ?*

John ZEIMBEKIS, *Qu'est-ce qu'un jugement esthétique ?*

Imprimerie de la Manutention à Mayenne (France) – Juin 2010 – N° 166-10
Dépôt légal : 2ᵉ trimestre 2010